Heinrich Gradl

Zur Literatur des Egerlandes

Salzwasser

Heinrich Gradl

Zur Literatur des Egerlandes

1. Auflage | ISBN: 978-3-84605-358-4

Erscheinungsort: Frankfurt, Deutschland

Erscheinungsjahr: 2020

Salzwasser Verlag GmbH

Zur Literatur des EGERLANDES.

Herausgegeben von

Heinrich Gradl.

1. band:

Lieder und sprüche der Spervogel.

PRAG.

J. G. CALVE'sche k. k. Univ.-Buchhandlung

OTTOMAR BEYER.

Lieder und sprüche

der beiden meister

SPERVOGEL.

Mit einleitung, textkritik und übersetzung

herausgegeben von

Heinrich Gradl.

Mit subvention der k. k. akademie der wissenschaften in Wien.

PRAG.

J. G. CALVE'sche k. k. Univ.-Buchhandlung

OTTOMAR BEYER,

Buchhändler des „Vereins für Geschichte der Deutschen in Böhmen".

1869.

Druck von Gustav Becker in Asch.

Lieder und sprüche

der beiden meister

SPERVOGEL.

Vorwort.

Die annahme, als seien Schwaben und vater Rhein die
geburtsstätten der romantischen poesie des deutschen mittel-
alters, wurde vor einem jahrzehnte noch für unanfechtbar
gehalten. An der schwelle jener ersten blüthezeit deutscher
dichtung stehen vor allen andern drei sänger, die durch form
oder inhalt neue bahn brachen, der ritter von Kürenberg, Diet-
mar von Aist und Spervogel. Neuere forschungen, besonders
gepflogen durch den leider zu früh gestorbenen F. Pfeiffer in
Wien, haben den zwei ersteren die mittleren Donaugegenden
(um Linz) als heimat angewiesen und damit den ursprung
jener blüthe aus dem ‚reiche‘ weg nach ‚Oesterreich‘ verlegt.
Fr. Pfeiffer war auch hauptverfechter der ansicht, der ritter
von Kürenberg sei jener dichter gewesen, der die Nibelun-
gennoth auf grund alter sagenlieder in der uns vorliegenden
form zusammenstellte und es war damit erwiesen, dass das
mittelhochdeutsche volksepos (durch den Kürenberger) und
der reinlyrische minnesang (durch Dietmar von Aist) von
Oesterreich's gauen ausgingen, dass somit letzteres land nicht
nur irgend einen, sondern wol den besten antheil an jener
grossen epoche der literatur hatte.

Es erübrigte nur noch, die heimgehörigkeit des chorführers der didactischen poesie (der gnomik) zu entdecken, als welcher ‚Spervogel‘ gelten muss. Ich glaube in nachfolgendem auch diesen dichter, den man unserem lande zu gunsten Baierns nehmen wollte, und mit ihm die trias, in der die romantische poesie, der minnesang im weiteren sinne, begann, für Oesterreichs gaue vollständig gewonnen zu haben, eine um so freudigere eroberung, als kalte politik nach dem bruderkriege von 1866 uns Deutsche in Oesterreich aus dem grossen vaterlande verwies. Jenes band kann gesprengt sein für lange zeit, aber der geistige zusammenhang zwischen uns und den brüdern im ‚reiche‘ erhält durch solche nachweise der kulturgeschichte eine heilige bedeutung, eine unverletzbarkeit, die jeden zum geständnisse zwingt, ein wahres Deutschland umfasse doch alle die gaue, soweit deutsche zunge, deutsche kunst, an der jeder stamm mitgearbeitet hat, reichen.

Ich habe nicht umhin gekonnt, auf diese nationale bedeutung des vorliegenden werkchens, die natürlich von meiner guten oder weniger guten ausführung unabhängig bleibt, hinzuweisen, aus dem grunde, weil ich damit zum ersten eine spezialausgabe entschuldigen kann. Trotz der kritischen behandlung weiterhin, welche der ganze text der Spervoglischen gedichte in Lachmann- Haupts sammlung (minnesangs frühling) erfuhr, finde ich doch darin einen zweiten beweggrund zu einer neuen textausgabe; Lachmann-Haupt haben die hinterlassenen lieder und sprüche auf grundlage schwäbischer handschriften recensiert, was nach meiner auffindung der heimat nicht mehr möglich ist, wenigstens nicht für jene strophen, die auch die jenaer handschrift bietet. Was ich übrigens diesen beiden germanisten danke, findet der kenner aus diesem werkchen heraus, ohne dass ich immer darauf verweise.

Bezüglich der nebenbei gegebenen übersetzung bitte ich um nachsicht der leser; ich habe entgegen der behandlung

des altmeisters Simrock geglaubt, die übersetzung so geben
zu müssen, dass auch der mit der mittelhochdeutschen metrik
nicht vertraute leser einen einblick in das versmass gewinnt.

Möge meiner arbeit eine freundliche kritik folgen, die
schlechtes nicht verschweigt, mir aber doch den muth erhält
zu weiterem streben!

Eger, im oktober 1869.

Heinrich Gradl.

SPERVOGEL.

Die nachrichten, die uns die literaturgeschichte bisher über ,Spervogel' als einen der ältesten dichter des deutschen mittelalters geben konnte, waren ziemlich mager; sie beschränkten sich auf einige wenige punkte, die man mit eben so viel gewissheit aus den unter diesem namen überlieferten gedichten herauslesen durfte und diese waren, dass er von geburt aus ein Oberdeutscher und fahrender sänger gewesen sein müsse [1]). Urkundliche belege vermochte man bislang nicht zu geben und Lassberg's notiz, der in einem briefe an v. d. Hagen solche gefunden zu haben behauptete [2]), scheint verfrüht gewesen zu sein, da seitdem nichts · mehr darüber verlautete. Durch zufall stiess mir der name Spervogel bei anderweitigen arbeiten in egerischen urkunden auf; die forschungen, die ich in folge dieser entdeckung im hierstädtischen archive machte, und bei denen mich, was den reinhistorischen theil betrifft, der damalige archivsbesorger, herr N. Urban v. Urbanstadt mehrfach unterstützte, ergaben mir die identität des namens und das Egerland als heimat Spervogel's.

In Eger existirten nämlich die Spervogel als ein uraltes bürger- und patriziergeschlecht [3]). Bereits im jahre 1292 treten sie schon als eines der reicheren auf, indem sie den neubau des hiesigen dominikanerklosters bedeutend dotirten, weshalb auch ihr geschlechtswappen früher oberhalb der hauptpforte .aufgehängt war [4]). Urkundlich kann ich den namen Spervogel, der vom jahre 1292 tradizionell erhalten ist, seit 1340 und 1342 nachweisen. Im ersteren jahre bekamen **‚Conra(n)d Forestarius, dictus Spernvogel**[5]), **Nicolaus Forestarius, fratruelis suus, cives Egrenses'** vom böhmischen könige Johann das jus patronatus über die kirche in Selb (bei Asch), dessen waldungen sie bereits inne hatten, bestätigt und im jahre 1342 ist derselbe fürst schiedsrichter in einer fehde, die **‚Conradus Spernvogel, Nicolaus dictus Fforster, fratres, cives Egrenses'** mit Albertus de Schönberch (im südlichsten Voigtlande) führten (urk. d. städtischen archives in Eger). Späterhin nimmt die macht dieses geschlechtes immer mehr zu. Sie erwerben 1360 (laut urk.) mehrere güter bei Selb, erscheinen 1387 sesshaft auf der feste ‚zum Brawnstein' und (‚Erhard Forstner' und ‚Niclas Forstner') erhalten 1389 von könig Wenzel die feste ‚das newe hause' (Neuhaus bei Selb) ‚zu rechten mannlehen'. Grenzbestimmungen über das zu Neuhaus gehörende gebiet (laut urk. seit 1391) scheinen die langwierige fehde zwischen den Forstern und den Egerern herbeigeführt zu haben, die könig Wenzel vergeblich zu schlichten suchte und in der die egerischen bürger endlich schloss Neuhaus erstürmten, aber um 4000 gulden wieder ablösten. Auch zu andern fehden und räubereien mag sie ihre wachsende macht verleitet haben; wenigstens klagt Chunrat, abt zu Waldsassen, sie (in einer undatierten urkunde) beim rathe Egers an, dass sie die einwohner von Trebendorf „weschedigt" hätten.

Aeltere belege, als jener tradizionelle von 1292, sind über das geschlecht aus Eger nicht zu geben, da beim grossen brande (1270) alle archive zu grunde gingen, ein um so fühlbarerer verlust, als sie höchstwahrscheinlich handschriften der gedichte Spervogels besassen. In auswärtigen urkunden erscheint das geschlecht bedeutend eher. Im jahre 1210 bezeugt Chunradus der Vorstaer eine erklärung des regensburger bischofs, dass die pfarrei Weyhmichel eine filiale der kirche in Niwenhusen (obigem Neuhaus) sei (urk. in Ried's diplom. Ratisbon., I. nro. 319).

Spervogel ist nach den angeführten stellen ebenso gut beiname [6]), wie Forster, jedoch, wie es scheint, von engerem umfange [7]), als dieser, weicht letzterem auch späterhin gänzlich, so dass dieser als geschlechtsname gefasst wird. Gegenüber dem beinamen Spervogel suchte Simrock schon früher den wirklichen geschlechtsnamen in dem einmal in den gedichten erwähnten Hergêre 7, 2). Haupt (in minnesangs frühling, s. 238) verhält sich, bis gründe für oder gegen diese annahme gefunden wären, passiv zu derselben, fände aber die vermischung der 1. und 3. person in jener stelle ‚nicht sonderlich geschickt'. Eine familie Herger kann ich weder aus urkunden Egers, noch der umgebung belegen; doch stelle ich zu und neben Simrock's meinung eine andere hypothese. Sollte für Hergêre nicht vielleicht Hegære zu lesen sein und versteckte Spervogel nach art anderer sänger etwa hinter diesem pseudonym seinen eigentlichen namen Forster? [8]), denn Hegære = Forstære (mhd. heger = förster) [9]).

Als schluss dieser urkundlichen belege reihe ich gleich die frage an, ob die annahme zweier dichter dieses namens, als alter und junger Spervogel unterschieden, gerechtfertigt sei. Den unterschied dieser bezeichnungen macht nur die heidelberger handschrift, welche die strophen **16—28** und **53** fg. einem ‚jungen Spervogel' zutheilt. Bartsch (in Pfeiffer's Germania III, 481, 482) ist der ansicht, dass der ‚junge' Spervogel wol nur aus **45**, 2: ‚alse mîn geselle Sperevogel sanc' hervorgegangen sei, wobei vielleicht eine falsche lesart (mîn genanne?) mitwirkte [10]). Dieser zweite dichter wird meistentheils als ‚ein jüngerer genosse und mitfahrender' Spervogel's angesehen [11]). Jedenfalls müssen die unter Spervogel's namen überlieferten strophen auf zwei dichter übertragen werden; die heidelberger handschrift bewahrte diese erinnerung, theilt aber unrichtig. Die einzig mögliche und richtige trennung ist in die unbezweifelt älteren strophen **1—29** und in die bedeutend jüngeren **30** fg. Denn während jene (älteren) freie reime, einfachen strophenbau, häufigen mangel der senkungen, wie eine alterthümlichere sprache überhaupt auf-weisen, haben diese (die jüngeren) durchaus reine reime, regel-mässigen wechsel von hebung und senkung und eine formell ausgebildetere sprache. Dem dichter der älteren strophen gebührt nach zeugniss aller handschriften der name Sper-vogel unbedingt; zweifelhaft ist, ob auch dem jüngeren. Die heidelberger handschrift und mit ihr möglicherweise auch andere verlorene können die bezeichnung „junger Spervogel‘ wirklich aus str. **45,** 2 hergeleitet haben; bei der allgemeinen lesart ‚mîn geselle‘ sieht man nur keine nothwendigkeit ein, dass der jüngere dichter auch wirklich Spervogel geheissen habe. Auch die bezeichnung ‚mitfahrender‘ scheint mir eines-theils aus dem ‚geselle‘ nicht berechtigt genug, anderntheils aus der verschiedenheit in sprache und metrik beider stro-phenabtheilungen sogar geradezu unwahrscheinlich. Zwei dichter, die in bezug auf sprache und metrik in j e d e m punkte so sehr auseinandergehen, können unmöglich weder reise-noch lebensgefährten gewesen sein, da in diesem Falle noth-wendigerweise ein gegenseitiger einfluss anzunehmen wäre, der aber nirgends sichtbar wird; im gegentheile sind die auf obige art geschiedenen strophen schroff eigenthümlich und geben in ton und sprache keine spur fremden einflusses zu erkennen; gemeinsam ist eben nur die didaktische tendenz. Meiner ansicht nach fällt die blütezeit des zweiten dichters erst mit der Dietmar's von Aist zusammen, trifft also höch-stens noch in das späteste alter Spervogel's. Hoffmann's meinung, die unter Spervogel's namen überkommenen strophen gehörten e i n e m dichter, der bald mehr bald minder nach volksthümlichkeit gestrebt habe (fundgruben 1, 268), ist ganz und gar unhaltbar und Lachmann-Haupt's einreihung aller strophen unter e i n e n verfasser ist längst gerügt worden, nimmt sich übrigens bei der sonstigen oft nur zu scharfen kritik, die das eigenthum der einzelnen dichter so gut zu trennen weiss, sonderbar genug aus. Wenn aber trotz dieser

verschiedenheit der jüngere dichter von einem gesellen, der
so und so gesungen habe, spricht, sind meiner ansicht nach
nur zwei wege denkbar, auf denen er zu diesem rechte kom-
men konnte: entweder blose sangesgenossenschaft oder ver-
wandtschaft. Vielleicht gehörte er, wenn auch nicht in die
engere familie des älteren, so doch in das geschlecht und
man kann daher die überschrift ‚der junge Spervogel‘, sei's
als die schule bezeichnend oder als die verwandtschaft, mit
einigem rechte immerhin fortführen [12]).

Entsprechend diesem beinamen Sper-vogel existiren auch
zwei (wahrscheinlich nominelle) wappen. Das bild der pariser
liederhandschrift beschreibt Hagen (minnes. 4, 685[a]) folgen-
dermassen: ‚der sänger steht mit einem spere oder spiesse
in der hand, an welchem viele vögel stecken; vor ihm ein
mann und eine frau, von denen er etwa so bewirthet wird‘.
Diesem nahezu gleich ist das bei Pröckl (a. a. o.) erwähnte
wappen, das früher über der hauptpforte des egerer domini-
kanerklosters hing, ‚bis die neuen baulichkeiten die pforte um-
gestalteten‘ und es in eine klosterkammer zurückdrängten, wo
ich selbes durch die güte des hiesigen herrn priors abzu-
zeichnen gelegenheit erhielt. Es zeigt einen vogel unbe-
stimmter art mit zum fluge bereiten fittigen, der auf einem
schräg gelegenen spere steht, darüber den einfachen helm und
auf diesem abermals einen gleichen, aber kleineren sper und vo-
gel; es ist auf holz gemalt und trägt die jahreszahl 1292. Ein
weiteres wappenbild dieses geschlechtes geben urkunden des
hiesigen archives, auf welchem bloss der kopf eines vogels mit
haubenkrone und einem auswuchse am unterschnabel, der aber
die gattung desselben kaum noch zu einem hahne stempeln
kann, da das sonstige aussehen widerspricht. In den haupt-
punkten — sper und vogel — stimmen sonach die ersten wap-
penbilder überein; das dritte (vielleicht wirkliche geschlechts-
signatur) zeigt wenigstens auch den vogel. Für ein geschlecht
‚Forster‘ (forstpächter) war das grössere wappen ein sehr
naheliegendes zeichen.

Ganz gut verträgt sich dieses wappenbild der egerländischen Spervogel, als einer nicht adeligen, aber patrizischen familie, mit der bezeichnung ‚meister Spervogel' des registers in der pariser handschrift, welche bürgerliche abstammung aber auch aus andern momenten, besonders aus den sprüchen selbst und deren dem gewöhnlichen leben entnommenen bildern und gleichnissen gefolgert werden kann [13]).

Die religiöse pietät und der moralische ernst, wie sie in den liedern beider dichter ausdruck finden, scheinen charakterzüge des ganzen geschlechtes gewesen zu sein; wenigstens deuten die grossartige stiftung beim aufbaue des dominikanerklosters und noch manch andere kirchendotazionen mit ziemlicher sicherheit darauf hin. (So stiftete l. urk. vom j. 1381 Erhart Forster von Selb. zwei frühmessen, die könig Wenzel 1387 und im gleichen jahre der regensburger bischof Johannes bestätigten.)

Weitere parallelen zwischen den Spervogeln der literaturgeschichte und denen in egerischen urkunden ergeben noch andere punkte für deren identität. Abgesehen von dem umstande, dass das Egerland und dessen umgebung in der praxis der bierconsumtion, wie noch die gegenwart beweist, ebenso gut vertreten und berühmt sind, als das Donauland von der Hagen's [14]) und dass demnach des jüngeren dichters bieranspielungen und malzvergleiche [15]) gerade so gut an den Egerländern und umwohnern erfahrene zuhörer und kunstverständige finden konnten, als an den Südbaiern, also von diesem punkte abgesehen — es passen auch alle andern namentlichen ortsbeziehungen, wie sie in den gedichten des älteren Spervogel vorkommen, zur egerländischen heimat. Die darin erwähnten lokalitäten fallen sämmtlich nach Franken und zwar derart, dass man fast, vom Egerlande ausgehend, eine gebräuchliche tour in den reisen aufstellen konnte. (Ueber die orte selber s. unten.)

Spuren eines speciellen mitteldeutschen dialectes [16]) finden sich in den gedichten seltener und es ist ausserdem dabei noch oft die frage, ob sie vom dichter selbst oder

nicht vielmehr vom schreiber stammen. Erwähnenswerth
sind indess ‚græwe‘ (str. **11,** 1) für gemein mittelhochdeutsches
grâ, grâwer und ‚darb‘ (str. **33,** 7 oder nach der jenaer hand-
schrift **4,** 7) für darf; ersteres lautet nach den entwickelungs-
gesetzen der egerländer mundart, die á, â = mhd. æ (àu =
mhd. â) hat, richtig auch ‚grâb‘ (nicht gràu, wie die ähnlichen
klàua, pfàu, blàu = mhd. klâ, phâwe, blâ) und letzteres be-
wahrt noch heutzutage die media statt der aspirata als
dörᵇm (= dürfen). Andere beispiele, wie vernt (egerl. féaʼn
= im vorigen jahre), sôder (egerl. sûadaʼ; weitere worte
in dieser zusammensetzung mit ‚der‘ sind z. b. dôndaʼ dort,
dàudaʼ da) u. s. w. theilen wir mit andern dialekteń Ober-
und Mitteldeutschlands [17]).

Wie aus dem bisherigen hervorgeht, fehlt uns also jede
urkundliche notiz über die dichterpersönlichkeiten selbst; nur
einzelne wendungen in den gedichten (besonders des ältern)
geben theilweisen biographischen aufschluss. Dass beide nicht-
adeliger geburt waren, ist bereits erwähnt; dass man in ihnen
fahrende sänger erblicken dürfe, begründet für den ältern
die bekanntschaft mit so vielen edlen Frankens, ausserdem
das bild der pariser handschrift, auf dem er bewirthet er-
scheint, und einige strophen über gastlichkeit (str. **7—10**
für den jüngern sänger ist ein gleiches aus str. **42** zu
folgern; dieser scheint selbst bis an den Rhein gewandert
zu sein, wenigstens wird man nicht sehr irren, wenn man
aus str. **51,** 4 fg. einen augenzeugen reden zu hören glaubt.
Mit glücksgütern waren beide nicht gesegnet. So bekennt
der ältere in str. **1** offen seine armut, die sich auch noch
àus andern strophen vermuthen lässt und zu seinem wander-
loose den grund gibt; dasselbe gilt vom jüngern, der in str.
38 auf wirklich rührende weise den geistigen druck der
armut beklagt. Dass der ältere Spervogel verheirathet und mit
mehreren söhnen gesegnet war, wissen wir aus der ansprache
in **1,** 1: „ich sage iu, lieben süne mîn“. Ist Simrock's oder
meine hypothese betreffs des namens Herger (Heger) richtig,
so erreichte der ältere nach str. **7** fg. ein höheres alter,

das jedoch, aus den wehmüthigen worten in str. **8**, 4 fg. zu schliessen, die last der armut ihm noch fühlbarer machte.

Als fahrende sänger machten beide, wie vorhin bemerkt, ziemlich weite reisen. Hier nehme ich gelegenheit, die vom ältern Spervogel in str. **2—5** erwähnten namen zu besprechen. Der dänische Frut („Fruot von über meer') ist eine auch aus der Gudrun, dem rosengarten und der rabenschlacht bekannte und vielgerühmte heldengestalt (vergl über ihn Haupt in der vorrede zu seiner ausgabe Engelhart's v. Konrat von Würzburg, s. XI fg.). Ob der in str. **2**, 2 angeführte Walther von Hausen wirklich mit dem vater des minnesängers Friedrich v. Hausen eine und dieselbe person sei, wie Haupt (minnesangs frl., s. 227) meint, ist höchst ungewiss, wie auch F. Pfeiffer (in s. Germania II, 495 anm **) bemerkt. Einen andern Walther kann ich nicht belegen, aber neben diesem Hûsen („wahrscheinlich dem nachmaligen Reinhausen in der Gegend von Mannheim' Haupt a. a. o.) kommen in fränkischen urkunden noch viele andere vor. Nahe zu Spervogel fallen zwei familien de Husen (Ried's diplom. Ratisb. I, nro. 233, v. j. 1147), die ministeriales des grafen Gebhart v. Sulzbach gewesen sein mögen. Am wahrscheinlichsten ist mir indess die ansicht, das von Spervogel genannte Hausen sei das später den Forstern gehörige Neuhausen bei Selb. Gebechensteiner kennen von der Hagen (minnes. IV, 687[a]), Jak. Grimm (im gleichnamigen aufsatz in Haupt's ztschr. I, 572—75) und Haupt (minnes. frl., s. 237) keine andern als die magdeburgischen burggrafen von Gibichenstein; aber diese lägen zu weit ab. Man müsste höchstens (was sehr räthlich erscheint) eine parallele der vier zeilen und namen annehmen, wonach dem dänischen Frut der heimische Walther von Hausen, dem niedersächsischen Gebechensteiner der fränkische Staufner entgegengestellt wäre. Staufen selber finden sich in bairischen urkunden gleichfalls häufig vor. Von den vielen bei Haupt (a. a. o., s. 237. 238) aufgezählten Heinrich von Staufen (wenn „noch ein' ja „noch ein Heinrich' heissen soll) mag der als sohn Otto's, grafen de Stoufa (mon.

boica 14, 410 v. j. 1135) angeführte gemeint sein. Diese
Staufen (öfter Steveninger oder Rietenburger genannt) be-
sassen viele güter in Franken, auf deren einem Spervogel
mit der familie bekannt geworden sein wird. Der noch er-
übrigende Werenhardus de Steinesberch steht so unter den
zeugen ex nobilibus in einer von könig Lother III. zu Worms
ausgestellten Urkunde (v. j. 1128) [18]). Dieses Steinberg oder,
wie es auch genannt wird, Gräfensteinberg im bairischen land-
gerichte Gunzenhausen tritt späterhin wirklich als eigenthum
der ‚werden Oetinger‘ (5, 6) auf.

Wann endlich, um auch diese frage noch zu berühren,
die beiden Spervogel gelebt haben, war bislang noch streitig,
da man sich bloss auf gründe aus sprache und metrik stützen
konnte. Doch ist die neuere forschung bereits über die zeit-
bestimmung mehrerer literarhistoriker [19]), die ihn (sie kann-
ten nur einen —) noch in die erste hälfte (oder gar, wie Docen
im altd. museum s. 207 annimmt, ‚gegen das ende‘) des 13. jahr-
hunderts zurücksetzen, hinaus. Nachdem einmal durch urkund-
lichen nachweis Dietmar's v. Aist auch Lachmann's schranke
(‚die namen der liederdichter gehen weiter als 1170 nicht
zurück‘ zu d. Nibel. 5, 290, zu Walther 82, 24) überschritten
ist, lauten die annahmen nun dahin, dass Spervogel entweder
mit dem Kürenberger oder mit Dietmar v. Aist geblüht habe [20]).
Letzteres scheint aber immer noch abweisbar zu sein. Wäre
es nöthig, auf die verschlungenen reime ein so grosses gewicht
zu legen, wie es Lachmann (Walther s. 199) thut, so müsste
Spervogel freilich hinter dem Kürenberger eingereiht werden;
die richtigere ansicht stützt sich aber auf die ‚einfachen und
ungekünstelten‘ strophenformen [21]), wie sie auch der Küren-
berger zeigt, die unbestritten für älter als die lieder Diet-
mar's gelten, der ‚sich schon zu den künstlich verschlunge-
nen weisen der folgenden dichter bequemt‘ (Lachmann zu
Walther 82, 24). Spervogel (der ältere) und Kürenberg dür-
fen daher ‚unbedenklich noch vor die mitte des 12. jahr-
hunderts‘ hinauf gerückt werden. Man setzt daher des ältern
Spervogel blütezeit am besten in die jahre 1130—1140.

Einen andern beweis für das hohe alter dieses sängers gibt mir der inhalt seiner gedichte an die hand. Bei der didaktischen tendenz, wie sie die Spervogel aufweisen, war die politische richtung, die später in den lob- oder rügeliedern zum ausdruck kommt, fast zu erwarten. Wenn sie sich trotz dieser möglichkeit nicht auf politische didaxis warfen, so kann das wol nur daher kommen, dass diese als poetischer inhalt in ihrer zeit noch ungebräuchlich war. Erst das bekanntwerden mit den provenzalischen troubadours und deren sirventes-poesie (ungefähr seit 1170—1180) verleibte dieses politische moment der deutschen poesie ein. Vor 1170 entwickelte sich, fern von jedem romanischen einflusse, im Kürenberger, Meinlo von Sevelingen, den beiden burggrafen, Dietmar von Aist u. a. das deutsche minnelied aus dem altepischen profangesange und in den Spervogeln das spruchgedicht und geistliche lied aus der geistlichen literatur der althochdeutschen zeit. Ungefähr bis 1170 war die mittelhochdeutsche liederdichtung auf dem besten wege, eine ureigenthümliche deutsche lyrik anzubahnen, sowol dem inhalte wie der form nach [22]). Es muss also auch der jüngere dichter vor diesem jahre angesetzt werden; ich stelle ihn in die zeit von 1150—1160.

Nebst dem inhalte gibt einem bewährten forscher (Fr. Pfeiffer, Germania III, 506) auch die sprache ein bestimmungsmoment für das zeitalter der Spervogel ab. Diese steht noch vermittelnd zwischen den letzten ausläufern des althochdeutschen und dem neuen mittelhochdeutschen, welcher übergang c. 1150 schon entschieden war. Die vollzogene bildung zeigt auch der jüngere dichter in seiner sprache; die des älteren übersteht noch den werdeprozess. Das unumgelautete â (= späterem æ) gilt, wo es ‚bei hochdeutschen dichtern im reime erscheint‘, für ein ‚kennzeichen eines hohen, noch über die mitte des 12. jahrh. hinaufreichenden alters‘. Hierher gehören nach Fr. Pfeiffer die reime (**4**, 3. 5) Bechelâre: mâre (die hss. Bechelere gegen die sonstige schreibweise dieses namens) und grâwe: alwâre (**11**, 1. 2.; die hss. grawe, grave);

minnes. frl. setzt überall æ. Doch auch Fr. Pfeiffer's meinung scheint mir den ursprünglichsten text noch nicht ganz rein zu geben. Betreffs Bechelâre halte ich die form mit e (für æ) möglicherweise auch als ‚dem widerstrebenden reim zu lieb' erst durch den abschreiber entstanden (dasselbe, was ich von sêre: Hergêre s. o. glaube), obgleich man ebenso gut einen (unreinen?) reim Bechelâre: mære ansetzen könnte, denn mære zeigt auch an einer andern stelle (str. **6**, 1) den umlaut. Betreffs grâwe dagegen, das nach Fr. Pfeiffer als græwe ‚nie in Deutschland, in keiner mundart und zu keiner zeit erhört' sein soll, das auch die allemannischen schreiber umgelautet haben, bringe ich unsere egerländische mundart ins gefecht, deren form ‚grâb' unbedingt ein früheres græwe (in einem altegerländ. dialekte) voraussetzt. Indess könnte man selbst die form Bechelære als vom dichter herrührend ansetzen, ohne, wie Haupt, nöthig zu haben, die zeitbestimmung gegen das ende des 12. jahrh. zu rücken. Æ finden sich beim ältern Spervogel auch anderwärts und Grimm (d. gramm. I ³, 173) sagt nur, dass man den ursprung dieses umlautes mit der meisten wahrscheinlichkeit in die erste hälfte des 12. jahrh. setzen dürfe.

Eher als diese grammatikalischen momente geben die metrischen verhältnisse einen ausschlag. Der ältere Spervogel gebraucht noch, ganz gegen die reinmittelhochdeutsche metrik seit ca. 1170, flexions- oder ableitungssylben als hebungen [23]), zeigt somit den übergang stumpfer reime in klingende und deren entstehung deutlich darin, wenn er stumpfe reime, deren zweite sylben aber schon das abgeschwächte e weisen, als klingende annehmen möchte, indem meist auf beide sylben noch hebungen fallen sollen, wo doch der reine klingreim nur die erste (stamm-) sylbe akzentuirt. Neben diesen unreinen reimen finden sich, wie überhaupt in dieser ältern poesie (z. b. bei Kürenberg 7, 7. 9; 7, 11. 13 u. a., Meinlo u. s. w.) auch blosse assonanzen statt des reimes [24]). Etwas künstlicher als die Nibelungen-Kürenberg-weise sind die töne der beiden Spervogel allerdings, doch noch nicht so künst-

lich, als sie Dietmar v. Aist besitzt[25]). Wenn sie sich von
dem Nibelungentone durch grössere kunst im strophenbaue
etc. unterscheiden, so ist dies die folge davon, dass sie nicht
aus dem einfachen heldenliede, sondern aus der immerhin
schon etwas verfeinerten geistlichen poesie früherer zeiten
abzuleiten sind. Die beiden töne des alten Spervogel sind
nur scheinbar dreitheilig und selbst die eine weise des jün-
geren Spervogel unterscheidet, wie aus den tonweisen der
handschriften hervorgeht, nicht nur die beiden ersten reim-
paare, sondern sogar die beiden zeilen des ersten reimpaares
von einander. Rein dreitheilig sind nur einige der von Lach-
mann für unecht erklärten strophen. Der hauptton des ältern
dichters besteht aus zwei alterthümlich gemessenen stumpfen
reimpaaren, denen ein klingendes mit einem in die mitte ge-
nommenen stumpfen ,waisen' folgt; der des jüngeren ebenfalls
aus zwei (aber längeren, 7—8-füssigen) stumpfen reimpaaren,
auf die aber zwei ungereimte zeilen, je eine vornanstehend
einer reimzeile mit weiblichem schluss folgen. Der andere
ton des älteren Spervogel vermittelt diese beiden strophenfor-
men, indem zeile 1—4 seinem haupttone, zeile 5—8 der
zweiten hälfte des tones vom jüngern gleich sind; ganz allein
steht eine weise des jüngern, während die andern umstehen-
den schon in die strophenkunst der spätern minnesänger hin-
über leiten.

Mit am bedeutendsten fällt bei der entscheidung über
die zeit der umstand ins gewicht, dass der vom ältern Sper-
vogel angeführte Wernhart v. Steinberg schon um 1128 ur-
kundlich nachzuweisen ist.

Unter dem namen Spervogel wurden 59 strophen über-
liefert; davon halten Lachmann-Haupt (a. a. o.) 51 strophen
für echt, reihen eine 52. (unsere str. **29**) an, ,ohne grosses
bedenken, aber auch ohne den dichter verbürgen zu wollen'
und führen unter den anmerkungen noch sieben strophen
auf, ,soweit sie nicht ganz fremdartig sind'. Von der nega-
tiven kritik dieser forscher nicht ganz überzeugt, nimmt mit
recht Bartsch (i. d. Germania III, 482) auch letztere als echt an.

Von diesen 59 strophen gehören nach der heidelberger hand-
schrift 26, nach der besseren kritik 30 (u. zw. str **30—59**)
(vergl. die trennung hinten) dem jüngeren dichter an. Die
quellen dieser gedichte sind folgende handschriften:

A (nach Lachmanns bezeichnung im Walther und im minnes.
frl.) = die heidelberger, ehemals vatikanische handschrift
nro. 357, pergament, 4, abgedruckt in Fr. Pfeiffer's, die
heidelberger liederhandschrift, Stuttgart 1844, s. 151 fg.;
sie enthält 51 (? 46) strophen.

C = die pariser liederhandschrift, ehemals sog. manessi-
sche sammlung nro. 7266, pergam., gr. fol., abgedruckt
in Bodmer-Breitinger, sammlung von minnesingern, Zü-
rich 1758/59, 2 Bde., s. 226^b — 231^a; enth. 54 (64?)
strophen.

J = die jenaische liederhandschrift, perg. kodex, gr. fol.,
in Müller's sammlung II, M. G., s. 5—6; vergl. auch
B. Wiedeburg's ausführliche nachrichten etc. Jena 1744.
4., s. 56 (enth. 13 strophen);

h = anhang des heidelberger Freidanks 349, enth. zwei
strophen (str. **55** u. **57**).

Mit vergleichung von handschriften geben den text: des
freiherrn v. d. Hagen ‚minnesänger‘, Leipzig 1838, 4 theile;
II, 371^a — 377^b; vergl. III, 33^a. 731 fg.; in kritischer be-
handlung Lachmann-Haupt in ‚minnesangs frühling‘, Leipzig
1857; einzelne strophen haben Goldast paraen. 528, Wacker-
nagel 12 mittelhochdeutsche lyrische gedichte, Berlin 1827,
s. 34 fg. und im lesebuche 4. aufl., Basel 1859, sp. 223—226,
u. a. Zur textrezension in minnesangs frühling hätte ich fol-
gendes zu bemerken: den allemannischen hss. A C, die
‚zwar durchaus nicht in unmittelbarer verbindung mit einander
stehen, aber theilweise aus derselben handschrift abgeschrie-
ben sind und ... sich durch schwäbische ... formen auszeich-
nen‘ (Lachmann, einleit. zu Walther VI anm. **) gegenüber,
als aus gegenden stammend, wohin der Spervogel heimat
schon nach den andeutungen in den gedichten kaum fallen
konnte, hätte **J** mehr beachtung verdient, als ihr Lachmann-

Haupt geschenkt haben. Die ordnung der 13 strophen, die sie leider nur besitzt, ist eine dem inhalte nach bessere und macht die zusammengehörigkeit gewisser strophen, die A C wirr durcheinander warfen, als unter einem gedanken (titel?) stehend, weithin deutlicher [26]). Noch bedeutendere vorzüge erhält J, sobald das Egerland als die heimat der Spervogel nachgewiesen ist, einerseits, weil sie die diesem nächste, also muthmasslich auch sicherste handschrift ist, anderseits, weil sie wirklich noch spuren eines mitteldeutschen dialektes bietet [27]).

Von Uebersetzungen gibt es meines wissens mehrere, theils von einzelnen, theils von sämmtlichen strophen. Schon Gleim bearbeitete in seinen minnesängern eine strophe; sonst übersetzten noch: L. Köhler, Fr. Born, altmeister Simrock u. a.; die drei geistlichen lieder stehen auch in Ph. Wackernagel's gesch. d. dtsch. kirchenliedes.

Die Spervogel sind die ältesten und zugleich bedeutendsten der mittelhochdeutschen gnomiker; ihre sprüche enthalten einen kleinen schatz populärer lebensweisheit, deren trockene lehren durch mannigfaltige bilder aus natur und menschentreiben ausgeschmückt sind; sie weisen bei der schlichtesten und daher fasslichsten, bei der kernigsten und daher eindringlichsten sprache eine tiefe beobachtung und weltkenntniss auf, deren anschauung ernst und strengmoralisch, aber auch sinnigeren gefühlen zugänglich ist [28]). Von der liebesiechen schwärmerei späterer minnesänger stehen diese sprüche freilich himmelweit ab; aber am ende wiegen strophen, wie str. **34**, wo die reinheit des weibes als der schönste schmuck verherrlicht wird, oder str. **23**, wo die ehelichen verhältnisse ebenso schön als wahr bezeichnet werden, manches schock der späteren lieder auf, deren grundgedanke und rother faden ja doch nur das schreckliche ‚genâde, vrouwe' ist und die neben der verwischung aller geschlechtsverhältnisse, welche Kürenberg's, Meinlo's u. a. selbstwürdigung noch so gut zu trennen weiss, eben nichts anderes bieten, als die krasseste verhöhnung aller moralität, wie sie selbst nach dem damaligen zeitgeiste nur schwer entschuldigt werden kann [29]). Ausser dem edlen preise der frauenreinheit ist es besonders die echte freundschaft, von deren lobe viele gedichte erklingen und über deren pflege die feinsten psychologischen anmerkungen gemacht werden [30]). Als fahrende sänger mussten die Spervogel auch im lobe der gastfreundschaft ein objekt ihrer poesie finden, sind aber weit entfernt, jener ehrlosen bettelei späterer tage vorläufer abzugeben. Wenn das eine moment der mittelalterlichen romantik, die frauenminne, seltenen, aber tiefinnigen ausdruck findet und auch das zweite, die herrenminne, an einzelnen stellen gefeiert ist (cf. str. **49**), schwingt sich dagegen der sang der gottesminne weit über die gewöhnliche sprache hinaus und schallt mit den erhabensten worten aus den prächtigen liedern: ‚Er ist gewaltec unde starc‘, ‚Christ sich ze marterenne gap‘ und dem dithyrambischen, ergreifenden psalme ‚Wurze des waldes,, dessen edle grossartigkeit und majestätische kürze seinen hebräischen vorbildern durchaus nichts nachgibt. Diese kürze [31]) ist überhaupt für die Spervogel charakteristisch und ist wohl die ursache, die ihre gedichte so eindringlich sprechen lässt. Dazu kommt in einzelnen jene vergleichende zusammenstellung von bildern und gedanken und deren steigerung zu der schlusszeile, wodurch die strophen ganz das aussehen der späteren priameln erhalten.

Voll und kräftig tritt mit den beiden Spervogel die gnomik in die reihe der deutschen dichtung, in ihrem ursprunge schon alle keime andeutend, die später als fabel, lehrgedicht, gnome, epigramm, satyre u. a. m. in strenger scheidung und charakteristik sich ausbildeten und einen nicht geringen theil der deutschen literatur ausmachen.

Anmerkungen.

[1]) Hagen minnesänger IV, 685 b.; Hoffmann fundgruben I, 268, Kurz literaturgesch. I, 35 a.; Buchner literaturgesch. s. 62; Wackernagel literaturgesch. s. 228; Toscano del Banner I, 257, 288 u. a.

[2]) Hagen a. a. o. 655 a., anm. 3.

[3]) Nach Grassold (beschreib. der alten burg zu Eger, 1831, s. 38 fg.) gehörten die Forster zu den unterthanen der burg in Eger. Im jahre 1404 war (ebd. s. 64) ein Hans Forster pfleger derselben.

[4]) Pröckl, Eger und Egerland, bd. I, s. 320.

[5]) Bestätigt die von Bartsch (Germ. III, 482) vermuthete form Sperevogel.

[6]) Auch J. Grimm erkannte dies; sein versuch aber, Spervogel ähnlich wie Rûmez-lant (imperativisch, als zuruf an die vögel beim füttern, d. i. sperr vogel) zu erklären (vergl. Meusebach'sche rezension d. dtsch. gramm. 1826, s. 40) ist abzuweisen, ebenso Adelung's schreibweise ‚Sperrvogel‘, die auch Pröckl trotz aller urkunden hat.

[7]) Wornach auch Pröckl's stylisirung ‚die Sperrvogel, namentlich die Forster‘ (a. a. o.) zu verbessern ist.

[8]) Da die Forster die in den urkunden bezeichneten waldungen vom reiche nur als persönliches lehen erhielten, mithin kaum mehr als kaiserliche forstverwalter waren, scheint es überhaupt nur zufall, wenn sie sich ‚Vorstære‘ und nicht ‚Hegære‘ nannten.

[9]) Entgegen wären nur: die übereinstimmung der 2 hss. und der (einigermassen) auffällige reim; aber erstere kann bei der regellosen orthographie jener zeit (man vergl. z. b. die vuruot und vurt, wie die hss. das Fruot, gleich einige zeilen vorher, geben), die ohne bedenken ê für æ setzt, wie es eben auch unsere hss. thun, und bei dem umstande, dass sie „theilweise aus denselben hss. abgeschrieben sind" (Lachmann einl. zu Walther, VI. anm. **), kaum von bedeutung sein; ebenso schwindet die auffälligkeit des reimes, wenn man erwägt, dass er eigentlich männlich ist und in: êré, sêlé, wáldés, góldés verwandte gesellschaft findet. Auch die vermischung der personen scheint, den deutlichen kausalverhältnissen zufolge, wenig rücksicht zu verdienen.

[10]) Ihm stimmt Wackernagel literaturgesch. s. 228, anm. 22 bei.

[11]) Fr. Pfeiffer, Germania II, 494.

[12]) ‚Man wird in ermangelung einer bessern gut thun, diese bezeichnung beizubehalten, wennschon der letztere, ein jüngerer genosse und mitfahrender Spervogel's, vielleicht nie diesen namen getragen hat‘. Fr. Pfeiffer a. a. o. II, 494.

[13]) ‚Die liste der ‚manessischen‘ sammlung nennt den dichter ‚meister‘

Spervogel und diese benennung kommt ihm wol zu durch seine
verhältnisse als fahrender sänger, wie name und gemälde, auch
ohne wappen, mit seinen gedichten bekunden und durch den aus-
schliesslich lehrhaften oder preislichen inhalt der letzteren.'
Hagen IV, 685 b.

[14]) Hagen IV, 689 b. nennt das bezügliche lied merkwürdig, weil es
,etwa schon damals das gute hopfen- und bierland an der unteren
Donaugegend andeutet'.

[15]) Str. **55**, 9—12.

[16]) Belege für einen oberdeutschen dialect geben nach Hagen IV, 689 b
anm. 35: glien (str. **53**, 10), slât (str. **54**, 10) egerde (str. **25**, 5),
schiure (**52**, 6), vernt (**52**, 2). Alle diese worte kommen indess
auch den angrenzenden mitteldeutschen mundarten, speziell dem
ostfränkischen, zu.

[17]) Darf man s t ê n (str. **28**, 5 = gemeinmhd. stân) nach Grimm 1^2, 944
vielleicht auch für Ostfranken als kennzeichnend annehmen?

[18]) Böhmer urkundenbuch der reichsstadt Frankfurt I, 1836 s. 13;
Joh. David Köler abhandlung de castro imperiali forestali Brunn,
Altorf 1728, s. 9.

[19]) Hagen nach IV, 686[a]·, Gödecke I, 38.

[20]) Ins 12. jahrhundert setzen ihn: Hoffmann fundgr. I, 268, Kurz I,
35[a], Buchner 62, Vilmar I[b], 277 u. a.; dagegen hält Haupt
(minnes. frühl. 246) die schranke fernerhin fest.

[21]) Vgl. Koberstein 1, 149 fg., Pfeiffer Germania II, 495.

[22]) Characteristisch für diese periode ist die festhaltung der natur-
gemässen stellung des w e i b e s gegenüber dem manne, dessen
würde mit dem f r a u e n cultus der eigentlichen romantik zu grunde
gieng. Der unterschied wird sogleich klar, wenn man die lieder
des Kürenbergers, Meinlo's von Sewelingen, der beiden burggrafen,
Ditmars von Aist u. a. gegen Veldekin's oder Hausen's schwärme-
reien stellt, obgleich diese die romantik noch theilweise verschleiern.

[23]) Die beispiele sind: gezeigén : eigén (**1**, 3. 4), maeré : waeré (**6**, 1. 2),
sêre : Hegaeré (**7**, 1. 2), tüejé : früejé (**10**, 1. 2), graewé : alwaeré
(**11**, 1. 2), slâfén : schâfén (**11**, 3. 4), grînén : vermîdén (**15**, 3. 4), langé :
manné (**20**, 1. 2), harté : gartén (**21**, 1. 2), innén : gewinnén (**21**, 3. 4),
êré : sêle (**24**, 1. 2), keisér : weisén (**27**, 3. 4), waldés : goldés (**28**, 1. 2),
apgründé : kündé (**28**, 3. 4), brunnén : sunné (**29**, 1. 2).

[24]) Beispiele: benam : man (**7**, 3. 4), erarget : darbet (**9**, 5. 7), stige : schriet
(**11**, 5. 7), leben : pflegen (**13**, 3. 4), starc : wart (**16**, 1. 2), eine : teile
(**16**, 5. 7), teilen : leide (**22**, 5. 7), tage : grabe (**27**, 1. 2), u. a. Zu
vergleichen sind aus der vorhergehenden anm. die beispiele:
graewe : alwaere, grînen : vermîden, lange : manne, êre : sêle u. s. f.;
auch der jüngere dichter bietet einige, z. b. sîn : bî (**46**, 1. 2). Dazu

kommen noch die bindungen von kürzen und längen wie: an: stân (**34**, 1. 2).

[25]) Vgl. zum folgenden Koberstein I, 149 fg., Hagen IV, 690 fg..

[26]) So kann man ihre 1. 2. 3. etwa mit ‚freundschaft‘, 4. 5. etwa mit ‚weibertreiben‘, 8. 9. 10. ‚unglück‘ u. s. f. überschreiben und zu ganzen vereinen.

[27]) Der umstand, dass eine handschrift Spervoglischer gedichte gerade in Jena aufgefunden wurde, passt merkwürdigerweise zu der engen verbindung, in der die dominikanerklöster Egers und Jenas nachweislich schon in der frühesten zeit zu einander standen. Ich kann diese verbindung bis 1519 herauf belegen. Später, als Jena protestantisch wurde, hörte sie natürlich auf. Da die Spervogel als alte patroni der egerer dominikaner erscheinen, ist der fund ihrer gedichte in Jena leicht erklärlich. J. mag dieselben aus einer specialhs., die als geschenk des egerer klosters einlangte, haben. So erhielt sich dort eine hs., während die egerer bei dem schon erwähnten brande von 1270 zu grunde gingen.

[28]) Wackernagel a. a. o.

[29]) Bezeichnend für die anschauung unserer dichter ist der umstand, dass das wort ‚frouwe‘ nach der mittelalterlich-romantischen bedeutung (‚herrin, gebieterin‘), ein psychologischer beweis männlicher niedertracht, in allen strophen nicht ein einzigesmal vorkommt, selbst nicht in **59**, 1: ‚swâ zwêne dienent éinem wîbe‘, wo dem dienen gegenüber ‚frouwe‘ sogar das richtigere zu sein scheint.

[30]) Str. **30, 31, 32.**

[31]) Wackern. literatur-gesch. s. 228.

DER ÄLTERE SPERVOGEL.

I.

1. Ich sage iu, lieben süne mîn,
iu enwahset korn noch der wîn,
ich enkan iu niht gezéigén
diu lêhen noch diu éigén.
nû genâde iu got der guote
und gebe iu saelde unde heil.
vil wol gelanc von Tenemarke Fruote.

2. Mich riuwet Fruot über mer
und von Hûsen Wálthér,
Heinrîch von Gebechenstein:
(und) von Stoufen was ir nóch eín
got genâde Wernharte,
der ûf Steinberc saz
únd niht vor den êrén versparte.

3. Wer sol (nû) ûf Stéinberc
wurken Wérnhártes werc?
hei wie er gab unde lêch!
des er biderbem man verzêch,
des enmoht er niht gewinnen.
daz was der wille: kom diu state,
si schieden sich ze júngést mit minnen.

4. Dô der guote Wérnhárt
an dise werlt geboren wart,
do begunde er teilen al sîn guot,
do gewan er Rüedegêres muot,
der saz ze Bechelâre
und pflac der marke manegen tac:
der wart von sîner frümekeit sô maere.

Wernhart von Steinberg.

Ich sag' euch, liebe söhne mein:
euch wächst kein korn und auch kein wein;
ich kann euch zeigen nimmermehr,
was euch zu leh'n, was eigen wär'.
Geb' gott euch heil, der gute,
geb' glück er euch und reiche gnad'. —
Gar wol gelang's von Dänemark dem Frute.

Mich reuet Frut, der ‚über meer‘,
mich reut von Hausen Walther sehr;
auch Heinrich von Gibichenstein,
und der von Staufen noch darein.
Gott gnade Werenharte,
der auf dem Steinberg einstens sass.
Und sich vor ehren nimmermehr verwahrte.

Wer soll nun auf dem Steinesberg
vollenden des Wernhartes werk?
hei, wie der gab und wie er lieh!
wess' er dem biedern mann verzieh,
das mocht' er nicht gewinnen.
So war der wille: kam die zeit,
so schieden sie zu allerletzt mit minnen.

Seit einst der gute Werenhart
an diese welt geboren ward,
begann zu theilen er sein gut,
gewann gar bald des Rüedgers muth;
der sass zu Bechelare
und pflag der gränzen manchen tag;
von seiner biederkeit war er so lobebare.

5. Steinberc die tugende hât,
daz ez sich nieman erben lât,
wan einen, der ouch êren pfliget.
dem strîte hât ez angesiget:
nû hât ez einen erben.
der werden Oetingaere stam,
der wil im sînen namen niht verderben.

II.

6. Man seit ze hove maeré,
wie gescheiden waeré
Kerlinc und Gebehart.
si liegent, sem mir mîn bart.
zwêne bruoder, die gezürnent
und underziunent den hof,
si lânt iedoch die stigelen unverdürnet.

III.

7. Mich müet daz alter sêré,
wan ez (dem) Hegaeré
alle sîne kraft benam.
ez sol der gransprunge man
bedenken sich enzîte,
swenne er ze hove werde leit,
daz er ze gewissen herbergen rîte.

8. Swie sich der rîché betraget!
sô dem nôthaften waget
dur daz lant der stegereif.
daz ich ze bûwe niht engreif,
dô mir begunde entspringen
von alrêrste mîn bart,
des muoz ich nû mit arbeiten ringen.

9. Weistu, wie der igel sprach? —
,vil guot ist eigen gemach‘.
zimber ein hûs, Kerlinc!
dar inne schaffe dîniu dinc.
din hêrren sint erarget.
swer dâ heime niht enhât,
wie maneger guoter dinge der darbet.

Steinberg so in der art es hält,
dass es als erbe immer fällt
an einen, der auf ehre sinnt.
Auch diesmal es den sieg gewinnt:
es hat nun einen erben,
den würd'gen stamm der Öttinger;
der wird ihm seinen namen nicht verderben.

Bruderzwist.

Bei hofe gehet jetzt die red',
es sei'n in feindschaft und in fehd'
der Kerling und der Gebehart.
Die märe lügt, bei meinem bart.
Zwei brüder, die sich zürnen,
verzäunen wol die höf' gen sich,
doch werden sie die steige nie verdürnen.

Alter und heimat.

Das alter ist mir lästig sehr,
da es den heger drückt so schwer
und ihm die ganze kraft benahm.
Es soll der flaumbärtige mann
bedenken sich beizeite,
wenn er am hof in ungunst kommt,
dass er zu einer sichern herberg' reite.

Wie auch der reiche sich ernährt,
im stegreif nur der arme fährt
herum im land als pilgersmann.
Weil ich zu bauen nicht begann,
als anfing zu entspringen
zum allerersten mir der bart:
so muss ich jetzt mit noth und drangsal ringen.

Weisst du, wie einst der igel sprach?
,Ein eigen haus, eigen gemach
ist gut!' Drum bau' ein haus, Kerling,
schaff' dir hinein all' deine ding'.
Die herren sind erarget;
und wer daheim nicht mittel hat,
an wie viel guten dingen dieser darbet.

10. Swie daz weter tüejé,
der gast sol wesen früejé.
der wirt hât truckenen vuoz
vil dicke, sô der gast muoz
die herberge rûmen.
swer in dem alter welle wesen
wirt, der sol sich in der jugent niht sûmen.

IV.

11. Ez was ein wolf graewé
unde ein man alwaeré.
die liute wolten slâfén.
er lie den wolf ze den schâfén.
dô begienc er in der stîge,
daz man in des morgens hienc
und iemer mê sîn künne ane schrîet.

12. Ein wolf unde ein witzic man
sazten schâchzabel an:
si wurden spilende umbe guot.
der wolf begunde sînen muot
nâch sînem vater wenden.
dô kom ein wider dar gegân:
dô gab er beidiu roch umb einen venden.

13. Ein wolf sîne sünde flôch,
in ein klôster er sich zôch,
er wolte geistlîchen leben.
dô hiez man in der schâfe pflegen:
sît wart er unstaete.
dô beiz er schâf unde swîn:
er jach, daz ez des pfaffen rüde taete.

V.

14. ‚Ez mac der man sô vil vertragen‘,
hôrte ich Kerlingen sagen,
‚daz man in deste wirs hât.
sô wirt sîn sus vil guot rât,
ist er widersaeze.
zwêne hunde striten umbe ein bein:
dô trug ez hin ze júngést der raeze‘.

Wie's auch das wetter halten mag,
der gast soll fort am früh'sten tag.
Der wirth bewahrt sich trock'nen fuss,
wenn oft der gast trotz stürmen muss
die sich're herberg' räumen. —
Willst du im alter sein ein wirth,
dann wolle in der jugend dich nicht säumen.

Drei fabeln vom wolf.

Es war ein wolf einst, altersgrau,
es lebt ein mann auch, wenig schlau.
Die leute wollten schlafen geh'n;
es sollt' der wolf als hirte steh'n.
Da that er in dem stalle,
dass man des morgens ihn erschlug,
und seit der zeit kommt uns sein stamm zu falle.

Ein wolf und ein gar witz'ger mann,
die setzten sich ein schachspiel an
und spielten drauf um geld und gut;
der wolf jedoch begann den muth
nach seiner art zu wenden,
und als ein widder her sich schlich,
da gab er beide thürm' um einen fenden.

Ein wolf thät seine sünden flieh'n
zurück sich in ein kloster zieh'n,
zu üben hier geistlichen muth.
Da gab man ihm der schafe huth:
drauf ward er bald unstaete;
er biss die schafe und die schwein':
und sprach, dass es des pfaffen rüde thäte.

Die zwei hunde.

Erträgt ein mann geduldig mehr,
spricht Kerling, wie ich sagen hör'
er es darum nur schlechter hat.
Dann aber ist noch guter rath,
ist er nur widersitzig.
Zwei hunde stritten um ein bein:
zuletzt erhielt's, der jünger war und hitzig.

15. Zwêne hunde striten umbe ein bein.
dô stuont der boeser unde grein.
waz half im al sîn grînén?
er muoste daz bein vermîdén.
der ander, der truog ez
von dem tische hin ze der tür:
er stuont ze sîner angesiht und genuog ez.

VI.

16. Er ist gewaltic unde starc,
der ze wîhennacht geborn wart.
daz ist der heilige Krist.
jâ lobt in allez, daz dir ist,
niewan der tievel eine:
dur sînen grôzen übermuot
sô wart ime diu héllé ze teile.

17. In der helle ist michel unrât . .
swer dâ heimüete hât,
diu sunne schînet nie sô lieht,
der mâne hilfet in nieht,
noch der liehte sterne.
jâ müet in allez, daz er siht.
jâ waer er dâ ze himel alsô gerne.

18. In himelrîche ein hus stât:
ein guldîn wec dar in gât:
die siule die sint marmelîn:
die zieret unser trehtîn
mit edelem gesteine.
da enkumpt nieman in,
er ensî vor allen sünden alsô reine.

19. Swer gerne zuo der kirchen gât
und âne nît dâ stât,
der mac wol vroelîchen leben.
dem wirt ze júngést gegeben
der éngél gemeine.
wol im, daz er geborn wart!
ze himel ist daz leben alsô reine.

Zwei hunde stritten um ein bein;
der schlecht're stand da und that schrei'n.
Und half ihm all sein heulen noch?
das bein musst' er entbehren doch;
dem andern, dem gelang es.
Er trug's vom tische hin zur thür:
und stand vor dessen augen und verschlang es.

Weihnachtslied.

Er ist gewaltig starker art,
der zu weihnacht geboren ward:
das ist der allerheil'ge Christ.
Ihn lobet alles, was da ist,
blos nicht der hölle teufel.
Ihm ward sie auch dafür zu theil,
für seinen übermuth und stolzen zweifel.

Für den ist dorten arger rath,
der in der höll' die heimath hat.
Die sonne scheint da niemals licht,
der mond, der hilft auch eben nicht,
noch auch die hellen sterne.
Ihn ärgert alles, was er schaut;
wol wär' er da im himmel gar so gerne.

Im himmel eine wohnung steht,
ein gold'ner weg hinein da geht.
Die säulen sind von marmelstein:
sie zieret unser herre fein
mit edelem gesteine.
Niemand gelanget da hinein,
er wäre denn von allen sünden reine.

Wer gerne in die kirche geht
und dorten voll des friedens steht,
mag leben wol in frohem heil;
ihm wird am ende ja zu theil
der engelschaar gemeine.
Wohl ihm, dass er geboren ward;
ist doch im himmel dort das leben reine.

20. Ich hân gedienet lángé
leider einem mánné,
der in der helle umbegât,
der brüevet mîne missetât,
sîn lôn, der ist boese.
hilf mir, heiliger geist,
daz ich mich von sîner vancnisse erloese.

VII.

21. Mich húngérte hárté.
ich steic in einen gártén.
dâ was obez ínnén:
des mohte ich niht gewínnén.
daz kom von unheile.
dicke wegete ich den ast:
mir wart des obezes nie niht ze teile.

VIII.

22. Swâ ein guot boum stât
und zweier hande obez hât,
beidiu süez unde sûr,
sô sprichet (ein) sîn nâhgebûr:
‚wir suln daz obez teilen:
wirt ir einez drunder fûl,
ez bringet uns daz ander ze leide'.

IX.

23. Swel man ein guot wîp hât
unde ze einer ander gât,
der bezeichent daz swîn.
wie möhte ez iemer erger sîn?
ez lât den lûtern brunnen
und leit sich in den trüeben pfuol.
den site hât vil manic man gewunnen.

X.

24. Ein man sol haben êré
und sol iedoch der sêlé
underwîlen wesen guot,
daz in dehein sîn übermuot

Ich bin gestanden lange zeit
in eines mannes dienstbarkeit,
der herrschaft in der hölle hat;
er weiss um meine missethat.
Sein lohn, der ist so böse:
o hilf mir, dreimal heil'ger geist,
dass ich von seinem fallstrick mich erlöse.

Schlechtes glück.

Ich litt von hunger grosse pein,
stieg drum in einen garten ein.
Da war von obst die menge drin,
doch hatt' ich davon nicht gewinn.
Das kam von schlimmen heile.
Gar oftmals schüttelt' ich den ast:
des obstes ward mir drum doch nicht zu theile.

Früchte.

Wo einen guten baum man hegt,
der obst von zweien arten trägt,
süss, sauer, nur zur guten wahl,
da spricht der nachbar leicht einmal:
‚wir woll'n das obst vertheilen;'
denn wird davon das eine faul,
verdirbts uns wol das and're unterweilen.

Aehnlichkeit.

Wer ein gut weib sein eigen nennt
und doch zu einer andern rennt,
bezeichnet wahrlich recht das schwein.
Wie könnte das wol ärger sein?
Es lässt den lautern bronnen
und legt sich in den schmutz'gen pfuhl.
Die sitte haben leider viel' gewonnen.

Der rechte weg.

Ein mann soll haben ehre
und soll jedoch der seele
zu allen zeiten bleiben gut,
auf dass ihn nie ein übermuth

verleite niht ze verre;
swenne er urlobes ger,
daz ez im an dem wege niht enwerre.

XI.

25. Korn saet ein bûmán
do enwolte ez niht ûfgân.
ime erzornte daz:
ein ander jâr er sich vermaz,
daz er ez en egerde lieze.
er solde ez ime güetliche geben,
der dem andern umb sîn dienest iht gehieze.

XII.

26. Krist sich ze marterenne gap,
er lie sich legen in ein grap.
daz tet er dur die gotheit:
dâ mite lôste er die kristenheit
von der heizen helle.
er getuot ez niemer mêr.
dar an gedenke, swer sôder welle.

27. An dem ôsterlîchen tage
do stuont sich Krist von dem grabe.
künec aller kéisér,
vater aller wéisén,
sîne hantgetât er lôste.
in die helle schein ein lieht:
dô kom er sînen kíndén ze trôste.

XIII.

28. Wurze dés wáldés
und erze dés góldés
und elliu ápgründé,
diu sint dir, hêrre, kündé:
diu stênt in dîner hende.
allez himeleschez her
daz enmöhte dich niht volloben an ein ende.

---

verleite in's gewirre;
wenn er dann einmal gehen will,
dass es ihn an dem wege nicht beirre.

Der sämann.

Korn that ein bauer einmal sä'n.
Es wollt' ihm aber nicht aufgehn.
Ihm war zu grossem zorne das.
Das and're jahr er sich vermass,
dass er es unbebauet liesse,
er sollt' es geben gütlich ihm,
der andern nur um dienst etwas verhiesse.

Osterlied.

Zu martern Christus hin sich gab
und liess sich legen in ein grab;
er that's durch seine göttlichkeit,
erlös't damit die christenheit
wol von der hölle heissem grolle.
Nun aber thut er's nimmermehr,
daran gedenke, wer da immer wolle.

Und an dem österlichen tag
erstand er wieder aus dem grab,
ein könig jedes kaiserthron's,
ein vater jedes waisensohn's.
Und seiner hände werk er löste:
zur tiefen hölle schien ein licht:
er kam, um seine kinder da zu trösten.

Hymnus.

Der tiefsten wurzel jedes wald's,
der erze all' des rothen gold's
von jeglichem abgrunde da
ist dir, o herr, die kunde ja.
Sie alle steh'n in deinen händen;
doch könnt' des ganzen himmels heer,
wollt's auch, dich loben nicht zu einem ende.

XIV.

29. Güsse schadent dem brunnen:
sam tuot dem rîfen sunne:
sam tuot dem stoube der regen
armuot hoenet den degen:
sô schadet ouch dem jungen man,
wil er ze vil gehalten.
triuwe unde wîser rât,
daz zieret wol den alten.

Schädlich.

Es schaden wol dem bronne
die güss', dem reif die sonne:
wie's auch dem staub der regen kann.
Die armuth höhnet wol den mann.
So schadet es dem jüngling auch,
will er zu vieles halten.
Getreuer sinn und weiser rath,
die zieren wol den alten.

DER JÜNGERE SPERVOGEL.

I.

30. Swâ ein vriunt dem andern vriunde bî gestât
mit ganzen triuwen gar ân alle missetât,
dâ ist des vriundes helfe guot,
dem er si willeclîche tuot,
daz si gelîche héllent sich.
dem mêret sich daz künne.
swâ vriunde ein ander waege sint,
daz ist ein michel wünne.

31. Swer sînen guoten vriunt (vil wol) behalten wil,
der sol in vor den liuten strâfen niht ze vil,
er neme hin in besunder dan
und sage im, waz er habe getân:
da enhoeret ez der vremde niht.
er zorne im dâ vil sêre
und halte in vor den liuten wol:
des hât er immer êre.

32. Mich nimpt wunder, daz ein vil biderbe man
umme sîner vriunde huld niht werben kan;
si ne tragen im âne schulde haz
und gunden einem vremeden baz
der êre, so er solte hân
mit den besten in den landen.
stirbet er, si sehent den tac,
si trüegen in ûf handen.

II.

33. Swer den wolf ze hûse ladet, der nimt sîn schaden:
ein schifman mac ein krankez schif schier überladen:
daz ich iu sage, daz ist wâr,
swer sîme wîbe dur daz jâr

Freundschaft.

Da, wo ein freund dem andern freunde beistand gibt
in voller treu’, ohn’ dass ein fehler ihre liebe trübt,
da ist des freundes hilfe gut,
wenn er sie gern und willig thut,
dass kein misstrauen sie beherrscht.
Dann muss ihr stamm sich mehren.
Wo freund’ einander treulich sind,
ist freude und sind ehren.

Wer seinen guten freund sich fort behalten will,
der soll ihn vor den leuten strafen nicht zu viel.
Er nehme ihn absonders dann
und sag’ ihm, was er hab’ gethan.
So hört es doch der fremde nicht.
Da zürne er ihm sehre,
doch vor der welt halt’ er ihn wohl,
dann hat er immer ehre.

Mich nimmt es wunder, dass ein gar biderber mann
um seiner freunde gunst nicht immer werben kann;
sie tragen ohne grund ihm hass
und gönnten einen andern bass
die ehre, die nur ihm gebührt
mit guten aller enden,
doch stirbt er und sie seh’n den tag,
trügen sie ihn auf händen.

Weibeszier.

Wer sich den wolf in’s haus zieht, sei auf leid gefasst,
ein schiffsmann gibt in’s morsche schiff oft zu viel last:
was ich euch sage, das ist wahr:
Wer seinem weibe durch das jahr

koufet guoter kleider vil
unde im niht enkoufet,
dem darb des niht grôz wunder nemen,
ob man im stiefkint toufet.

34. Treit ein reine wîp niht guoter kleider an,
so zieret wol ir tugent, als ich mich's kann verstân,
daz si vil schône blüet stât,
alsô diu liehte sunne ûfgât,
diu gegen den morgen schînet vruo
sô lûter unde reine.
swie vil ein valschiu kleider treit,
so îst doch ir lop vil kleine.

III.

35. Swer spüret hin ze walde, swen der snê zergât
unde vriunde suochet, da er ir niht enhât,
und koufet umbesehendes vil
und haltet gar verlorniu spiel
und dienet einem boesen man,
dâ er âne lôn belîbet,
im wirt wol afterriuwe kunt,
ob er ez die lenge trîbet.

IV.

36. Ein edele künne stîget ûf bî éinem man,
der dem vil wol gehelfen unde râten kan:
sô sîgt ein hôhez künne nider
und richtet sich niemêr ûf wider,
swenn si verliesent under in,
der in dâ solte râten;
er was in ie mit triuwen bî
und suonte waz si tâten.

V.

37. Daz ich ungelücklich bin, daz tuot mir wê:
des muost ich ungetrunken gân von einem sê,
dar ûz ein kuole brunne vlôz,
des kraft was michel unde grôz.

von guten kleidern kauft die meng';
sich selber keines kaufet,
der darf sich auch nicht wundern dann,
wenn's ihm ein stiefkind taufet.

Trägt auch ein reines weib nicht kleider, gut und schön, —
es ziert sie ihre tugend doch, kann ich's versteh'n, —
dass sie an huld und schönheit reich
der lichten morgensonne gleich,
wenn sie erglänzt mit laut'rem schein
im rothen wolkenmeere. —
Die falsche, noch so viel geschmückt,
hat doch nur wenig ehre.

Vergebliche mühe.

Wer durch den wald will spüren, wenn der schnee zerfliesst,
und einen freund will suchen, wo ihm keiner ist,
und ohne anschau kauft sich viel
und wettet auf verlor'ne spiel
und dienet einem schlechten mann,
wo ohne lohn er bleibet:
dem kommt noch einmal späte reu',
wenn er's die länge treibet.

Der stammhalter.

Ein edler stamm steigt wol empor durch einen mann,
weil er mit rath und that gar trefflich helfen kann.
So sinkt ein and'rer, einst so hehr,
und richtet auf sich nimmermehr,
wenn sie einmal verloren den,
der ihnen musste rathen;
er freilich stand getreulich bei
und bessert' falsche thaten.

Unglück.

Dass ich solch unglück habe, thut mir wirklich weh:
So musst' ich ungetrunken geh'n von einem see,
aus dem ein kühler brunnen floss,
dess' fülle doch so mächtig gross.

dâ buozte maneger sînen durst
und wart dâ hôch gegetzet;
swie dicke ich mînen napf dâ bôt,
er enwart mir nie genetzet.

38. Sô wê dir aremüete! du benîmest dem man
sinne unde witze, daz er niht enkan.
die vriunde tuont des guoten rât,
swenn er des guotes niht enhât:
si kêrent ime den rucke zuo
und grüezent in vil trâge:
swenn der helt mit vullen vert,
sô hât er holde mage.

39. Waz hilft dem rosse, daz ez bî dem fuoter stât
und ouch dem wolve, daz er bî den schâfen gât,
und manz in beiden tiure tuot?
sô hât ez einer alsô guot,
der veile findet, des er gert
und des niht mac vergelten:
ein lieht in sehendes mannes hant
daz fröut den blinden selten.

VI.

40. Swer guote witze hât, der ist vil wol geborn;
swaz man dem boesen seit, deist leider gar verlorn;
man tuot sîn ie den besten rât,
swie selten erz für guot enpfât.
er enwolle allen sînen sin
an ganze tugende kêren,
sô möht man einen wilden bern
noch sanfter harfen lêren.

VII.

41. Unmaere hunde sol man schüpfen zuo dem bern
und rôten habech zem reiger werfen, tar er's gern;
und altez ros zer stuote slahen,
mit lindem wazzer hende twahen;
von herzen sol man minnen got,
die werlt ein teil umb êre;
wîsen sol man willich hân
und volgen sîner lêre.

Dort stillte mancher seinen durst
und wurde hoch ergötzet;
so oft ich auch den napf hinbot,
mir ward er nie benetzet.

Weh' dir, weh' dir, o armuth, du benimmst dem mann
verstand und sinn, so dass er nichts mehr wirken kann.
Ihm geben freunde schlechten rath,
wenn er des gutes nicht mehr hat.
Man kehrt ihm stolz den rücken zu
und grüsst mit trägen lippen:
so lang er noch mit vollem fährt,
hat er gar liebe sippen.

Was frommt's dem rosse, dass es bei dem futter steht
und was dem wolf', ob er zum schafe hingeräth,
wenn keines sie erlangen kann?
So gut geht's wol auch einem mann,
der käuflich findet, was er wünscht,
es doch nicht kann bezahlen:
Ein licht, in eines seh'nden hand,
kann keinem blinden strahlen.

Gut und böse.

Wer gute witze hat, den heiss' ich wohlgebor'n;
was man dem schlechten sagt, ist leider ganz verlor'n.
Man gibt ihm stets den besten rath,
den selten er für gut empfaht.
Will er nicht seinen ganzen sinn
auf rechte tugend kehren,
möcht' eher man dem wilden thier
noch sanfte musik lehren.

Räthe.

Man soll die jungen hunde lassen zu dem bär'n,
den rothen habicht zu dem reiher, will er's gern,
ein altes ross zur stute gleich,
man netz' die hand mit wasser weich
und lieb' aus reinem herzen gott,
zum theil die welt um ehre,
man nehm' vom weisen manne rath
und folge seiner lehre.

VIII.

42. Der guote gruoz der fröut den gast, swenn er în gât.
vil wol dem wirte', daz in sînem hûse stât,
daz er mit zühten wese frô
und biete ez sînem gaste sô.
daz im der wille dünke guot,
den er gegen in kêret.
mit lîhter kost er dienet lop.
swer fremden man wol êret.

43. Sô wol dir, wirt, wie wol du doch dem hûse zimest!
an dem worte niemer mê du abe geniemest.
swie kleine man gebresten hât,
wol doch der wirt inm hûse stât.
der wirt, der kan des hûses recht
. wol mezzen nâch der snüere.
waz solde ein wîselôsez her,
daz âne meister füere?

IX.

44. Swer in fremeden landen vil der tugende hât,
der sôlte niemer komen heim, daz waer mîn rât,
er enhete dâ den selben muot.
ez enwart nie mannes lop sô guot,
sô daz von sînem hûse vert,
dâ man in wol erkennet.
waz hilfet daz man traegen esel
mit snellem marke rennet.

X.

45. Swer suochet rât und volget des, der habe dank,
alse mîn geselle Sperevogel sanc.
und sol der leben tûsent iâr,
sîn êre stîgent, daz ist wâr.
ist danne daz er triuwen pfliget
und den niht wil entwenken,
so er in der erde erfûlet ist,
sô muoz man sîn gedenken.

Wirth und gast.

Der gute gruss erfreut den gast, wenn ein er geht.
Dem wirthe wohl, wenn's so in seinem hause steht,
dass er geziemend bleibe froh
und es dem gaste biete so,
dass dem der wille dünke gut,
den er gen ihn bewähret:
mit leichter müh' verdient er lob,
wer so den fremden ehret.

O wohl dir, wirth, wie gut du doch dem hause ziemst!
o dass du doch an diesem worte ab nie nimmst.
Ob man in kleines leid geräth,
gut dann der wirth im hause steht.
Der wirth, der kann des hauses recht
wol messen nach den schnüren.
Was sollten krieger, wenn sie ohn'
scharmeister hinnen führen?

Heimische ehre.

Wer da in fremden landen viele tugend hat,
der sollte nie mehr kommen heim, so wär' mein rath,
hätt' er da nicht den gleichen muth.
Noch keines ehre war so gut,
als die, die ihm zu hause wird,
wo ihn die leute kennen.
Was hilft es, soll der esel, träg',
mit schnellem rosse rennen?

Bieder.

Wer rath sich sucht und folget dem, der habe dank,
so einstens mein geselle Sperevogel sang.
Und sollt' der leben tausend jahr,
wächst doch sein ruhm, sein preis fürwahr.
Ist's gar noch, dass er treue pflegt,
sich nicht von ihr lässt lenken,
ob er im grab verfault schon ist,
muss man noch sein gedenken.

·XI.

46. Ez zimt wol helden, daz si frô nach leide sîn.
kein ungelücke wart sô grôz, da enwaere bî
ein heil: des suln wir uns versehen.
uns mac wol frum nâch schaden geschehen.
wir haben verlorn ein veigez guot:
vil stolze helde, enruochet.
dar umbe suln wir niht verzagen,
ez wirt noch baz versuochet.

XII.

47. Swer lange dienet, dâ man dienstes niht verstât,
und einen ungetriuwen miteslüzzel hât,
und einen valschen nâchgebûr,
dem wirt sîn spîse harte sûr.
ob er sich wil alsô betragen,
daz er arman niht verdirbet,
daz muoz von gotes helfe komen,
wan er mit triuwen wirbet.

XIII.

48. Diu saelde dringet für die kunst, daz ellen gât
vil dicke nâch dem rîchen zagen in swacher wât.
er ist tump, swer guot vor êren spart.
zûht diu wellent grâwen bart,
triuwe machet werden man
und wîse schoene frâge.
liebe meistert wol den kouf:
sô scheidet schade die mâge.

XIV.

49. Man sol einen biderben man wol drîzec iâr
dar ûf behalten (daz ich iu sage, daz ist wâr,)
ob man dem herren widersage,
daz er im holdez herze trage.
swem daz guot ze herzen gât,
der gewinnet niemer êre.
jo enrede ichz niht dur mînen frumen,
wan daz ichz alle lêre.

Trost nach leide.

Wol ziemt es helden, froh nach einem leid zu sein;
kein unglück je so gross, mit dem nicht im verein
ein heil; drum mag man sich verseh'n,
nach schaden kann noch glück gescheh'n.
Verloren gieng ein todtes gut,
ihr helden, lasst es fahren:
verzaget nicht, ein andermal
wird besser man's bewahren.

Spruch.

Wer lange dient, wo man des dienstes nicht verstaht
und einen unverläss'gen zweiten schlüssel hat,
und einen falschen nachbar auch,
dem wird die speise wahrlich rauch.
Will er sich halten, dass er doch
als bettler nicht verdirbet,
das muss mit gottes hilf gescheh'n,
wenn er mit glück erwirbet.

Spruch.

Es geht das glück schon vor der kunst, und ärmlichkeit
gar oft dem feigen reichen nach in schlechtem kleid.
Dumm ist, wer gut statt ehren spart:
die zucht will einen grauen bart,
nur treue macht den mann recht wert,
witz zeigen kluge fragen.
Die liebe meistert wol den kauf:
und schade trennt die magen (vettern).

Herr und mann.

Man soll den biedern dienstmann wol die dreissig jahr
behalten gut, (was ich euch sage hier, ist wahr);
dass, wenn der herr in fehden kommt,
des dienstmann's treue dann ihm frommt.
Wem nur das geld zu herzen geht,
gewinnt wol keine ehren.
Ich sag's ob meines nutzens nicht
und will's nur allen lehren.

XV.

50. Man sol den mantel kêren, als daz weter gât.
ein frumer man der habe sîn dinc als ez dâ stât.
sîns leides sî er niht ze dol,
sîn liep er schône haben sol.
ez ist hiute mîn und morne dîn:
sô teilet man die huoben.
vil dicke er selbe drinne lît,
der dem andern grebt die gruoben.

XVI.

51. Swer mir nû verwîzet, daz ich niht enhân,
gelebe ich iemer, daz ich wol berâten gân,
der muoz ouch mir der boeser sîn.
ich hôrte sagen, daz der Rîn
hie vor in engen fürten flôz.
des muoz ich lônes bîten.
nû ist er worden alsô grôz,
daz in nieman mac gerîten.

XVII.

52. Wir loben alle disen halm, wand er uns truoc.
vernt was ein schoener sumer unde kornes gnuoc.
des was al diu werlt ouch vrô.
wer gesach ie schoener strô?
ez füllet gar dem rîchen man
die schiure und ouch die kiste.
swann ez gedienet, dar ez sol,
sô wirt ez aber ze miste.

XVIII.

53. Ich bin ein wegemüeder man.
nû vert mir einer vor,
der rennet, swenne ich drabe.
als ich der strâze niht enkan,
sô volge ich sînen spor.
nû wirfet er mir abe
die brügge, dâ ich über sol.
doch het er mir geheizen wol.

Lebensregeln.

Man soll den mantel drehen, wie das wetter geht.
Ein wack'rer mann, der halt' es, wie es immer steht.
Nicht zu verzagt sei er im leid,
für freuden sei er stets bereit.
Denn heute mein und morgen dein:
so theilet man die huben.
Gar oftmals fällt der selbst hinein,
der andern gräbt die gruben.

Fluth.

Wer mir's zur schande macht, dass jetzt so arm ich bin,
erleb' ich einst die zeit, wo reichthum ich gewinn',
so muss er mir ein schlechter sein.
Ich hörte sagen, dass der Rhein
zuvor in engen furthen floss.
(Ich will mir lohn erbeuten).
Jetzt ist er gross, so dass ihn kann
schon niemand mehr durchreiten.

Wandel.

Wir loben alle diesen halm, weil er viel trug.
Fern war ein schöner sommer und an korn genug.
Da war die ganze welt auch froh.
Wer sah jemals ein schön'res stroh?
es füllt dem reichen manne da
die scheuer und die kiste.
Doch hat gedient es, wie es soll,
wird wieder es zu miste.

Aus dem leben.

Ich bin ein wegemüder mann.
Nun fährt mir einer vor,
der rennet, wenn ich trab'.
Wie ich der strasse nicht mehr kann,
so folg' ich seiner spur.
Nun aber wirft er ab
den steg mir, wo ich drüber soll.
Und hat mir doch verheissen wol.

ir stimme ist bezzer danne ir muot,
die mit dem blate (dâ) glîent.
ein valscher vriunt der schadet noch mêr
danne offenbar ein vîent.

54. Entwerfen ist ein spaeher list.
dâ hoeret spotten zuo,
alnâch der ougen spehen.
ich waene, recht der mâler ist,
ob einer missetuo,
daz ez die andern sehen
und spottenz, niht dur einen haz
er schepfe sîniu bilde baz.
swer malzes pfliget, die wîle ez liget
dur derren ûf dem slâte,
der lobe mîn bier unz er besehe,
wie ime sîn wurze gerâte.

55. Swer des biderben swache pfliget,
dâ bî des boesen wol,
dar hât si beide verlorn.
gewalt den witzen ane gesiget.
ein sinnic herze sol
verdulten manegen zorn.
des iâres kumt vil lîhte ein tac,
daz er sîn heil volbringen mac.
unrehter gaehe nieman pfliget,
er enmüg ir wol engelten.
guoter gebite noch nie gebrast
mit schoenen zühten selten.

56. Swer mir dur sîne kündekeit
den mînen toerschen muot
wil breiten an daz lieht,
der kumt sîn lîhte in arebeit,
ob erz alsô getuot,
daz ich erkenne nieht.
daz doch vil wol geschehen mac,
kumt ez ûz der vinster an den tac,
sô suoche ich: vinde ich iender dâ
loch an verlegener waete: —
gewinnen müeze ich niemer vriunt,
er ensî die lenge staete.

Ihr ruf ist besser als ihr sinn,
die auf dem blatte singen.
Mehr schaden macht ein falscher freund,
als off'ne feinde bringen.

Entworfen ist die schlaue list.
Da kommt der spott dazu
nach früh'rem neid'schem späh'n.
Ich meine, recht der maler ist,
ob einer schlechtes thu',
dass es die andern seh'n
und spottens, nicht aus einem hass;
er mache seine bilder bass.
Wer malzes pflegt, dieweil es liegt
zum dörren auf dem schlate,
der lob' mein bier, bis er es weiss,
wie seine wurz' gerathe.

Wer da des biedern wenig pflegt,
des bösen aber wol,
der hat sie beid' verlor'n.
Gewalt das wissen jetzo schlägt.
Ein sinnig herze soll
verwinden manchen zorn.
Es kommt noch leicht im jahr ein tag,
wo er sein glück vollenden mag.
Unrechter hast noch niemand pflag,
er musst' ihr noch entgelten:
und guter bitte es gebrach
bei schönen züchten selten.

Wer mir mit ungeschicklichkeit
als thöricht meinen muth
will breiten an das licht,
kommt leicht da in verlegenheit,
wenn er es also thut,
dass zu versteh'n es nicht.
Kommt es, was doch geschehen mag,
vom finst'rem einmal an den tag,
dann suche ich und finde wol
loch am verleg'nen kleide: —
Gewinnen müss' ich keinen freund,
ist er nicht treu allzcite.

57. Zer werlte ein sinnerîcher man,
daz ist ein solher hort,
den nieman mac versteln.
swie lützel ich der künste kan,
sô spriche ich solhiu wort,
diu nieman solte heln.
swer hât den man als er in siht,
der volget guoter witze niht,
swer in niht erkennen wil
wan bî der liehten waete.
und trüege ein wolf von zobel ein hût
nâch künne er lihte taete.

XIX.

58. Der alten rât versmâhet nû den kinden.
unbetwungen sint die jungen âne recht wir leben.
untriuwe hât gemachet, daz wir vinden
in dem lande manege schande, uns ist für fröude gegeben
ungenâde, blôze huobe, wüeste lant.
dâ man ê wirte in vollen staeten fröuden vant,
da enkraet diu henne noch der han, ein pfâwe ist niender dâ,
die weide enezzent geize rinder ros noch schâf,
da enbrechent ouch die glochen nieman sînen slâf;
diu kirche ist oede, ir sult den pfaffen suochen anderswâ.

XX.

59. Swâ zwêne dienent einem wîbe
mit ungelîchem muote:
der eine tuot mit sînem lîbe
al daz er mac ze guote;
so enwil der ander noch enkan
unde ist ein vil ungefüeger man:
daz si den welt und ienen versiht,
wes schult daz sî daz wessc ich gerne;
ich vrâge es iemer unze ich ez gelerne,
wan ein unmâze dâ geschiht.

Zur welt ein sinnereicher mann,
das ist ein solcher hort,
den niemand je kann stehl'n.
Wie wenig auch der kunst ich kann,
doch red' ich solche wort',
die keiner sollte hehl'n.
Wer auf den mann nach augenschein
stets schliesst, dess' klugheit ist nur klein,
wollt' jeden er nach schönem kleid
für einen guten halten —
der wolf bleibt wolf im zobelpelz
und thut als solcher schalten.

Der alten rath   dünkt unnütz jetzt den kindern.
Unbezwungen   sind die jungen   wir ohn' recht und heil.
Untreue hat   bewirkt schon, dass wir finden
in dem lande   manche schande,   statt freud' ist uns zu theil
nur leid und unfruchtbare huben, wüstes land.
Wo man einst wirthe viel in stäten freuden fand,
da kräht nicht henne jetzt noch hahn, der pfau ist lang schon fort,
die weid bleibt unberührt vom bock, von ross und schaf'
es stören auch die glocken keinen mehr im schlaf;
die kirch' ist öd', den pfaffen suchet nur an and'rem ort.

Missverhältniss.

Wo zweie dienen einem weibe
ungleich von sinn und muthe:
der eine thut mit seinem leibe,
was er vermag, zu gute;
der and're will das nicht, noch kann
er es als ungefüger mann:
dass den sie hasst, wählt diesen da,
wess' schuld das sei, das wüsst' ich gerne;
ich frage stets, bis einst ich's kennen lerne,
weil da ein schlechtes mass geschah.

Anmerkungen.

(**L H.** = Minnesangs frühling, hgg. **v.** Lachmann Haupt; **M S.** = Min-
nesänger, ges. v. von der Hagen; **Bo.** = Bodmers Ausgabe, Zürich,
1759, band 2.)

1. = A C 12; L H. 25,13; M S. II, 1 (2,374[a]); B o. 227[b].
1. iu = A immer uch. — 2. iu enwahset (uch...) C A, iun wahset
L H. — 3. L H. ichn kan. — 5. L H. gnâde. — 7. fruoten A C. Si-
geher M S. 2,221[b]: des milten Fruotes tugende sint an in gespart,
vgl. auch vorrede zu Haupt's Engelhard (Leipz. 1844)
p. XI, f.

2. = A C 13; L H. 25,20; M S. II, 2 (2,374[a]); B o. 227[b].
1. ruewert A. vuruot C, vurt A. Vor über mer ergänzt L H.
ein von (das in C A fehlt) nach Wolfram's Willehalm 32,
22: der künege von über mer. — 2. Vgl. einl. s. 8 u. L H. zu
25,21. — 3. Einl. s. 3, L H. ff. — 4. und lässt L H. gegen A C
weg. Einl. s. 3 L H. ff. — 5. gnâde L H. — 6. steinberch C. ge-
saz L H. Einleitg. s. 9 — 7. Vgl. j. Sp. 48[a].

3. = A C 14; L H. 25,27; M S. II, 3 (2,374 ab); B o. 227[b].
1. nû fehlt A C. — 3. wie er C u. L H., wer A. leich A. — 4
biderbem man verzec A. — 5. enmohte A, enmoht C. — 7
scheiden A.

4. = A C 15; L H. 25,34; M S. II,4 (2,374[b]) B o. 227[b].
3. begunde C, begonde L H. — 5. Bechelaere L H, Bechelaere A C.
Vergl. Pfeiffer in s. Germania III, 506. — 6. mangen C
menegen A.

5. = A C 16; L H. 26,6; M S. II, 5 (2,374[b]); B o. 227[b].
3. ein A C, einen L H. — 6. Oetingaere. Steinberg, oder wie
es auch genannt wird, Gräfensteinberg, im bairischen

landgerichte Gunzenhausen in Mittelfranken war noch
im j. 1766 ein besitzthum der Öttinger (K. H. Lang,
Baierns alte grafschaften, Nürnberg 1831 S. 206. Für
die zeitbestimmung Spervogels würde eine sichere
notiz, in welchem jahre Gräfensteinberg an dieses
geschlecht kam, erwünscht sein. — 7. im sînen L H., in
sinem C.

6. = A C 17; L H. 26,13; M S. II. 6 (2, 374ᵇ); Bo. 227ᵇ, 228ᵃ.
1. Man C, wan L H. — 3. gebewart A. — 4. sam mir mîn bart,
Otte, 16. beim barte wurde geschworen, pf. Konrad 19ᵃ.

Karl zurnete harte mit ûf gevangenme barte,
d. h. indem er den bart mit der hand fasste. Betheue-
rungen bei andern leibestheilen: sam mir mîn lîp,
Helbl. 1, 928. Stricker 5, 132; samir mîn lîp. Lanz. 1020;
sam mir mîn houbet. MS. 2,215ᵇ. Frl. 198,10; sem mir di-
siu zeswe mîn hant pf. Konrad 120,18; sam mir alle mîne
knubele, im vaterunser 4037; sam mir mîn hâr. Erakl. 4071;
über betheuerungen mit ‚sam‘ überhaupt s. Grimm 3,
243. 4,135; rechtsalterth. 895; Schmeller 3,183; Frisch 2,
146ᵇ u. a. Ben.-Mllr. — 5. zwene A C, zwên L H. gebruoder C.
6. underziune, intersepio, Ben.-Mllr. III. 949ᵇ. — 7. unver-
dürnet, nicht mit dornen besteckt, Ben.-Mllr. I, 385ᵇ.
Vgl. Ulr. v. Türheim, Willeh. 138ᵇ. Kyburg lâ dîn zürnen,
ich sach nie verdürnen den zûn bî mînen jâren dâ ge-
swistrede wâren.

7. = A C 18; L H. 26,20; M S. II. 7 (2, 374ᵇ); Bo. 228ᵃ; Wack.
(leseb. 4. aufl. sp. 223, 11 — 226, 39) II, 1.
2. wans C. Hergêré L H. Ebend. zu 26, 21 (S. 238): ‚Simrock's
zuversichtliche behauptung, Herger sei der name des
dichters, kann ich ebenso wenig widerlegen, als sie
mir erweislich scheint. Die vermischung der ersten und
der dritten person wäre nicht sonderlich geschickt,
und nicht bloss wegen eigener entkräftung kann einem
das alter verdriesslich sein: die übersetznng „das alter
ringt mich nieder“ schiebt dem dichter einen andern
gedanken unter.‘ — 4. gransprunge, dem die granen ent-
springen; gran, ahd. greno, grano Graff 4, 327, barthaar
an der oberlippe, nhd. granne, wallisisch cran, augen-
braue, ital. grena, franz. grenon, Diez roman. wb. 182.
Ben.-Mllr. 1, 565ᵇ. — 6. swenn er L H. — 7. ze gwissen her-
bergen L H., herberge C.

8. = A C 19; L H. 26,27; M S. II.8 (2, 374ᵇ); Bo. 228ᵃ; Wack. II. 2.

1. swie A C, wie L H. — 2. de C. wage = werde bewegt, erschüttert, schwanke; ahd. wagôm Graff 1,663. Parz. 337, 30: ein munt den doch ander füeze tragent, dann die mir ze stegreif wagent; Nithart (ausg. Benecke's) 47,5: al die wîle und mir der stegereif ze hove waget. Ben.-Mllr. III. 641ᵃf. — 5. begunde C, begonde L H. — 6. alrest A, alrerst C, alrêrste L H.

9. = A C 20; L H. 26,34; M S. II. 9 (2,374ᵇ. 375ᵃ); Bo. 228ᵃ; Wack. II, 3.

2. guot guot A. — 5. erargen, schlecht, hartherzig werden, Ben.-Mllr. I. 55ᵃ. —

10. = A C 21; L H. 27,6; M S. II, 10 (2,375ᵃ); Bo. 228ᵃ; Wack. II, 4.

1. tuo A C, tüejé L H. — 2. vruo C, vro A, früejé L H. Liutwins Adam u. Eva bl. 10ᵇ: doch sol der gast wesen fruo. — 3. truchenen C, inkenen A. — 7. niht C, sich A.

11. = A C 22; L H. 57,13; M S. II, 11 (12) (2,375ᵃ); Bo. 228ᵃ.

1. grawe A, grave C, grawé L H. Vgl. Pfeiffer in s. Germania III, 506 u. einleitg. s. 10.11. — 7. mere etc.

12. = A C 23; L H. 27,20; M S. II. 12 (13) (2, 375ᵃ); Bo. 228ᵃ; Wack. III.

2. satzen A, sasten C. schâchzabel (zabel, ahd. zabal. lat. tabula). Vgl. über das mittelalterl. schachspiel Wackernagel's bemerkungen in Kurz u. Weissenbach beiträge zur gesch. u. lit. I. S. 28 fg., von alten schriftstellern selber Jakob von Casalis, (vor 1200), der eine (die älteste) ‚moralisation des schachspiels‘ schrieb. Zu der aufzähluug von autoren über das schachspiel bei Tho. Hyde, de ludis Orientalium, L. J. P. J. p. 182. die ergänzungen Lessings (sämmtl. werke, Wien 1804, bd. 31, s. 85). — 4. begunde C., begonde L H. — 6. da C. — 7. beide C. roch, daz, elefant, thurm, franz. roc, persisch rokh (kameel); Casalis: ‚das roch sol sein ein ritter, sitzend auf einem ross mit einer val (mantel, lat. velum, frz. voile) und sol ufhaben ein gugel mit einem vehen (buntes pelzwerk, namentl. hermelin) underzogen und sol ein reis haben in seiner hand und bedeutet vicztum und legaten der fürsten‘. vende, bauer, pion, ist das italienische fante für infante, woher auch nhd. fant (nanus). Gr. 1,126. Die zusammenstellung: ein roch umb einen venden (etw. bedeutendes für eine kleinigkeit) sehr häufig. Frl. 120,8: man gît ein roch ze wechsel

umb ein venden; Hätzl. 2,75: ich gaeb ein venden umb
ein roch; Reinh. 350, 1619: des gap er um ein venden
dâ ze mâle beidiu roch.

13. = A C 24; L H. 27,27; M S. II. 13 (14) (2,375ᵃ); Bo. 228ᵃ.
3. geistlichen A. — 7. ruden. A. vgl. „swie dicke ein wolf
gemünchet wirt, diu schâf er drumbe niht verbirt.“
Vrîd. 137,19 u. anm.

14. = A C 25; L H. 27,34; M S. II, 14 (15) (2,375ᵃ); Bo. 228ᵃᵇ.
3. dest C. — 5. widersaeze, sich widersetzend, widersetzlich;
Dietr. 97ᵃ: die starken und die raezen und ouch die wider-
saezen. Ben.-Mllr. III, 342ᵇ. — 6. zwene A C, zwên L H. Nach
6 hat C: do stuont der bœser unde grein. — 7. raeze (s. v.) ahd.
râzi, Graff 2,256. Gr. 1,748. 2,573 = acer, acerbus; compp.
mort-, ruom-, sturm-, tump-, wortraeze; dialect noch resch.
vgl. Schmeller III, 125.

15. = A C 26; L H. 28,6; M S. II. 15 (16) (2,375ᵃ); Bo. 228ᵇ.
1. Zwene C, swene A, zwên L H. — 3. ine A. — 5. der ander
truog es C, der ander dér truog ez L H. — 7. zu A genuog es C.

16. = C 34; A, d. junge Spervogel 41; L H. 28,13; M S. VI, 1
(2,376ᵃ); Bo. 229ᵃ; Wack. IV, 1.
2. zewinnaht A, ze wîhen naht L H. — 4. lohte A. — 7. im C.

17. = C 35; A, d. j. Sperv., 42; L H. 28,20; M S. VI, 2 (376ᵃ);
Bo. 229ᵃ; Wack. IV, 2.
2. heimuote A. — 4. niet A. — 5. der liehte sterne fehlt A. —
7. ia were da A.

18 = C 36; A, d. j. Sperv., 43; L H. 28,27; M S. VI. 3 (2,376ᵇ);
Bo. 229ᵇ; Wack. IV. 3.
3. mermelin A. — 4. un A. — 6. da kumpt C. — 7. ern ensi A,
ern sî L H.

19. = C 37; A, d. j. Sperv. 44; L H. 28,34; M S. VI, 4 (2,376ᵇ);
Bo. 229ᵇ; Wack. IV. 4.
1. kilchen A. — 2. und ane mit stat A, und ane nit da stat C. —
6. wol im das er ie geborn wart C; wol in, daz er ie wart L H.
Aehnlich dieser strophe, aber den gegensatz enthaltend,
ein spruch in Graff's Diutisca 3, 187:
Der zi chilcun gat unde ane rve da stat, der wirt zeme
ivngistime tage ane wafin rescagin. swer da wirt vir-
teilt der het imir leit.

20. = C 38; A, d. j. Sperv. 45; L H. 29,6; M S. VI, 5 (2,376ᵇ);
Bo. 229ᵇ; Wack. IV, 5.
1. gedienen lange A. — 2. leider also einem manne A. — 4. bruwet

A. — 5. lone C. — 6. hilf mich A. — 7. daz ich A C, deich L H.
vancuisch A.

21. = C 39; A, d. j. Sperv. 46; L H. 29,13; M S. VI, 6 (2 376 [b]);
Bo. 219 [b].
2. einen C, en A. — 3. oben A. — 7. obez, ez A.

22. = C 40; A, d. j. Sperv. 47; L H. 29,20; M S. VI, 7 (2, 376 [b]);
Bo. 229 [b].
2. zweir A, — 6. wir ir einez A. — 7. es C, er A.

23. = C 41; A, d. j. Sperv. 48; L H. 29,57; M S. VI, 8 (2 376 [b])
Bo. 229 [b].
1. hât fehlt A. — 3. Vgl: der bezeichenôt das swîn, Haupt's
ztschr. I, 271; der bezeichent daz golt, Karajan's sprach-
denkm. 20, 5; der bezeichent den hunt, ebd. 21, 18; mehr;
beispiele L H. s. 241. 4. erger fehlt A. — 7. menic A.

24. = C 42; A, d. j. Sperv. 49; L H. 29,34; M S. VI, 9 (2, 376 [b].
377 [a]); Bo. 229 [b].
6. swen A, swenne C, swenn L H. — 7. im C, in A.

25. = C 43; A, d. j. Sperv. 50; L H. 30,6; M S. VI, 10 (2, 377 [a]);
Bo. 229 [d].
1. sêt C, sate A. — 3. erzorte A C, erzornete L H. — 5. en C,
ein A egerde, unbebautes land; andere formen: egerte,
ägerd, ägerte, egete, egde, agert, aegaten, egarten, vgl.
Oberl. 21, 275; Frisch 1, 15 [a]; Hoefer 1, 173; Stalder 2, 490;
Schmeller II, 69. Das wort wird bald mit mittellatei-
nischem vegri, inculti agri, varecti, varetum (wovon wa-
retare, warectare, btachen) auch wareschetum, warasche-
tum, altfranz. gueret (Rochefort 1, 720 [b]) zusammengestellt,
bald von erica (ericetum = heideland) gezogen, bald zu
ern (= arn, bei Konr. v. Wirzburc erte, geert) mit ver-
neinendem a oder zu gard, gau, gegend, bald zu garen,
bereiten) gestellt, bald auch als ableitung von garten
(,ê garten?' Fromman's zeitschr. IV, 202) angedeutet
(Weinhold ebd.: ,egartner, besitzer eines ehemals ge-
pflügten, jetzt brachliegenden grundstückes, eines
egarten'). — 6. guetlich C. — 7. umb sinen C, umbe sinen A,
umb sîn L H.

26. = C 44; A, d. j. Sperv. 51; L H. 30,13; M S. VI, 11 (2, 377 [a]);
Bo. 229 [b]. 230 [a]; Wack. V, 1.
3. gotheit C, goteheit L H. — 4. loste A C, lôst L H. — 5. von der
heizen heizen helle A. — 7. sôder. Diese partikelverstärkg.
durch -dar, -der, — dir noch jetzt in unserem dialekte
besonders verbreitet.

27. = C 45; A, d. j. Sperv. 52; L H. 30, 20; M S. VI. 12 (2, 377 ᵃᵇ); Bo. 230ᵃ; Wack. V, 2.

1. osterlichem A. — 2. ‚Das zu stuont gefügte sich ist in so. alter sprache sehr auffallend.‘ L H. s. 242. Sollte da einfluss des nahen slavischen obgewaltet haben? uz A, von C, ûz L H. — 5. sîne A C, sîn L H. — 7. ze trosten A. Reimar von Zweter (M S. 2, 138ᵇ): mit ʼallem rehte er dô die helle brach. do erschein ein lieht, daz sante er uns ze trôste; damit er vil manege sêle erlôste.

28. = C 46; A, d. j. Sperv. 53; L H. 30, 27; M S. VI, 13 (2, 377ᵇ); Bo. 230ᵃ; Wack. VI.

2. eriz A. — 5. diu stûnt A. — 6. himelschlisches C. — 7. daz enmohte A, das enmôhte C, dazn möht L H. volle loben A.

29. = C 32; A, d. j. Sperv. 32; L H. (‚Diese alterthümliche strophe habe ich hier untergebracht, ohne grosses bedenken, aber auch ohne den dichter verbürgen zu wollen. Sie steht unter strophen, die nach Lachmanns und meiner ansicht nicht zu den übrigen unter Spervogels namen überlieferten gehören.‘ s. 242; vgl. diese beim j. Sperv.) 30, 34; M S. V, (376ᵃ); Bo. 229 ᵃ.

1. schadent C, schadet L H.; als beleg des sing. gibt L H: diu güsse trüebt den brunnen (Haupts ztschr. I, 504: warnung 2407); aber nichts spricht auch gegen den von C überlieferten plural. — 2. same A, ebenso 3. rife A. dú sunne A C.

---

30. = J 1; L H. 24, 9; M S. I. 17 (2, 373 ᵇ).

5. daz sie geliche ein ander helen J, daz si gehellent under in L H. ‚Dass hellent stehen muss, ist unzweifelhaft. Bessern lässt sich auf verschiedene weise; ich habe so geändert, dass nicht ein ander zweimal kommt.‘ s. 237. — 6. dem J, den L H. — Die ganze strophe, sowol in reimen, als in wörtern auffallend mit Nibel. 1223 einstimmig. Vgl. Dietleib 10, 513. 12514; Marner VI, 2 (M S. II, 168ᵃ): guoter vriunde in nôt ieman vil lützel siht etc.

31. = J 2; L H. 24, 17; M S. I. 18 (2, 373 ᵇ).

1. vil wol fehlt in J. — 3. in besunder J, besunder in hin dan L H. — 5. da ne hort J, da enhoeret L H. — 6. unde er tzorne J, er zürne L H.

32. = J 3; C 49; L H. 23, 5; M S. I. 16 (2, 373 ᵃᵇ); Bo. 230ᵃ.

1. eyn reyne byderbe man J, mich wundert dicke daz ein wol geråten man L H. — 2. umme syner vriunde hulde niht werben kan J, niht erben kan C, under sînen friunden niht erwerben kan L H. — 3. si sin C, sie ne tragen . . . haz J, sin sîn im âne schulde gehaz L H. — 5. der eren (der ere J) so er solte pflegen C J, der êren die er solte hân L H. — 6. mit den besten J, bi in C. — 7. so si des frúndes nien enhant C. sen C. — 8. uf den handen C, qf den handen J, ûf handen L H.

33. = J 4: C 51; L H. 23, 21; M S. I, 21 (2, 373 b. 374 a); Bo. 231 a.
1. Swer den wolf ze hirten nimt der vat sin schaden C. Aehnlich Freidank 187, 11: swâ der wolf ze hirte (oder ze huote (r) Lassberg Lieders. II, 719) wirt, dâ mite sint diu schâf verirt. Die lesart von J dagegen bestätigt die überarbeitung dieses spruches im liedersaal. (vgl. anhang).
2. ein wiser man der sol sin schif niht uberladen C. — 4 - 6 swer sinem wibe volget dur das iar und er ir richú kleider uber rehte maze koufet C. — 6. unde ym J, im selben L H. — 7. deme darb des niht groz wunder nemen J, dâ mac ein hôchvart von geschehen L H. — 8. ob man ym J, das si (dazs L H) im ein C.

34. = J 5; C 53; L H. 24, 1; M S. I, 22 (2, 374 a); Bo. 431 a.
1. reine fehlt C. — 2. so tzieret wol ir J, sô kleidet doch ir L H. also ich es mich kan vur stan J, als ich mich kan entstan C, als ich michs entstân L H. — 3. das sie vil schone bluet stat J, daz si vil wol geblüemet gât L H. — 4 - 6. also die liehte sunne of gat die kegen den morgen schynet vruo so luter unde so reine J, alsam der liehte sunne hât an einem tâge sinen schîn lûter unde reine L H. Vgl. die ähnlichen st. in Nibel. 280: nû gie diu minnecliche, alsô der morgenrôt tuot ûz trüeben wolken, 282: sam der liete mâne vor den sternen stât der schîn sô lûterliche ab den wolken gât dem stuont sie nû gelîche, Walther 46, 15: alsam der sunne gegen den sternen stât u. a. — 7. valsche C J. — 8. doch sint ir êre kleine L H.

35. = A C J 6; L H. 21, 13; M S. I, 6 (2, 372 a); Bo. 227 a. Wack. I.
1. fehlt A. 1. 2. gibt L H. nach C: swer einen friunt wil suochen da er sîn niht enhât. und vert ze walde spüren sô der snê zergât; J: swer spuret hin ze walde swen der sne tzuo gât unde vriunde suchet da her niht enhat. — 3. ungeschouwet L H, umbesendes J. ich fasse umbesehendes als adverbiale - s = bildung = bei nur flüchtiger anschau. — 4. heldet J, altet A. gar J, gerne L H. vurlorne J. verlornú A C, vlorniu L H. — 6. des er ᷠ J, da ez âne L H. — 7. im J, dem A C u. L H.

36. = J 7; L H. 24, 25; M S. I, 19 (2, 373 b).

3. siget J. — 4. sich nymmer of wider J, sich ûf nimmer wider
L H. — 5. swenne sie J, sô si L H. — 8. unde synte waz J. Der
gedanke allgemein ausgesprochen bei Freidank 1313, wol
aus pred. Sal. I, 4.

37. = J 8; C 50; L H. 23, 13; M S. I, 15 (2, 373ᵃ); Bo. 230ᵃ.
1. Daz ich ungelucklich byn J, daz ich ungelücke hân L H. — 2.
muostich J, muos ich L H. einem C, eime L H. — 3. da uz J. ku-
ole J, küeler L H, schoner C. — 4. der was C. — 5. dar kam vil
der fremden diet C. — 6. die wurden hôch gesetzet C, ergetzet
Hagen, gegezzet J. — 7. ich bot dar dicke minen napf C. dı J.
— 8. er ne wart J, der wart C, ern wart L H. vgl. Walter 20, 35:
ez regent bêdenthalben mîn, daz mir des alles niht en-
wirt ein tropfe.

38. = J 9; A C 10; L H. 22, 9; M S. I, 10 (2, 372ᵇ); Bo. 227ᵃᵇ.
1. aremüete J, armuot A C, für erstres s. heimücte (ä. Sp. str.
17, 2). den man J. — 2. beide A, fehlt J; beidiu L H. sinne unde
witze J, wise A. daz er A C J, dêr L H. niht ne kan J; niht
kan A, niht enkan L H; niht wissen kan C. — 3. sine (die L H)
vriunt (frúnde C). die tuon des guoten rat J, lihten A C, getuont
sîn lihte rât L H. Die ironische bedeutung dieses guot in J
scheint mir durch das entgegengestellte in der folg. zeile
klar. — 4. swenne A C J, swenn L H. nicht ne hat J, niht enhât
L H. — 5. rucke J, ruggen C. — 6. vil J u. L H, wol A C. — 7.
swen der helt mit vullen vert J, die wîle dêr (daz er A C) mit
vollen lebt L H. — 8. volle holde A.

39. = J 10; A C 5; L H. 21, 5; M S. I, 5 (2, 372ᵃ); Bo. 227ᵃ.
1. fromt A, hilfet J, frumt L H. ez fehlt C. — 2. unde (und L H)
ouch dem J, und einem A C. — 3. der in A u. L H, und der in C,
unde man ez in J. dú beide A. beiden J, diu beidiu L H. tiure
tuon = a) loben, preisen Vrîd. 84, 21; b) unmöglich ma-
chen; si tet imz allez tiure Wigal. 6394. Ben.-Mllr. III, 89 ᵃ.
4. so hat ez einer J, sô ist ez jenem (ienim A, einem C) L H. —
5. vynt dez er gert J, vindet swaz er wil L H. — 7. sendes J, fre-
medes L H. — 8. fehlt A. Vgl. ouch so schint ein kerze so
clair in eines blinden mans hant as in eines seinden mans
hant, sonder de kerze is dem seinden man nutzer dan dem
blinden man. Pfeiffer in Fromman II, 5. nro. 74 (der sele
trost).

40. = J 11; L H. 24, 33; M S. I, 20 (2, 373ᵇ).
1. vil fehlt J. Etwas anders bei Reimar, vgl. M S. II, 503.
— 2. swaz man eynen bosen vur seit daz ist leider gar vur lorn J,
swaz man dem boesen vür geseit deist gar verlorn L H. — 5. er ne

wolle alle syne synnc J, ern welle allen sînen sin LH. — 7. so
muchte man J, sô mac man LH. Vgl. Wolfr. Tit. 87,4: ich
weiz den fürsten, solte er daz lern, man lêrte ein beren
ê den salter; Thom. v. Zirclâre 357: ich wil iu sagen
daz der ber wirt nimmer ein guot singer; Winsbeckin
31,8: sol wîser rât der volge enbern, der alsô friundes
hüeten sol, der zamte lîhter wilde bern: und die ähn-
lichen sprichwörter, Brant: was hilft eim Esel, das er
trägt vil Harpffen?; ὄνος πρὸς λύραν, αὐλον; asinus ad
lyram auscultator.

41. = J 12; A C 2; LH. 20,9; MS. I, 2 (2,371 b. 372 a); Bo. 227 b.
1. Wan sol die iungen hunde lazen AC. — 2. und den A C. roten
A J u. L H, iungen C. zeim A, tzuo dem J. werfen nach habech J,
fehlt A C. welle ers A C. — 3. und fehlt J. altez J, ellú A, el-
tiu L H. tzuo der stuote J, zurstun A C. — 4. wazzer J, wazzern
L H. — 5. von hertzen sol man J, mit rehtem herzen C u. L H.,
mit rehten truwen A. — 6. die werlt eyn teil um ere J, und al die
werlt wol êren L H. — 7. wisen man den sol man willich haben J,
und neme ze wîsen manne rât L H. — 8. volge och A, volge ouch
L H., volgen J.

42. = J 13; L H. 25,5; M S. I. 12 (2, 373 a).
2. sîme L H. — 5. ym J, in L H. — 6. kegen J, engegen L H.

43. = A C 11; L H. 22, 17; M S. I, 17 (2, 372 b. 373 a); Bo. 227 b.
2. mer A. — 4. em L H., inme A, imme C. Der anfang der
strophe etwas anders Vrîdanc 1243: swelch hûs mê wirte
hât, dan einen, daz hûs zergât etc.

44. = A C 1; L H. 50,1; M S. I. 1 (2, 371 ab); Bo. 226 b.
2. hein L H. were A C. — 3. erne A, ern L H. — 4. ez enwart
A C, ezn wart L H.

45. = A C 3; L H. 20, 17; M S. I, 3 (2, 372 a); Bo. 226 b.
2. als C. Spervogel L H., „wobei eigentlich Sperevogel zu
lesen wäre, weil der jüngere dichter die senkungen nicht
auslässt" K. Bartsch, Germania III, 481. Vgl. die einl.
Nachträglich stehen hier die überschriften der hss.
J Spervoghel, in der überschrift Spervogil, im register
Meister Spervogel. — 3. sol der A C, solde er L H. — 6. niet C.
— 7. erden C. — 8. sol man (ohne sô).

46 = A C 4; L H. 20, 25; M S. I, 4 (2, 372 a); Bo. 226 b. 227 a.
1. si fehlt C. — 2. nie sô A C. en fehlt A. — 3. ein A u. L H.,
sin C. — 4. vrome A.

47. = A C 7; L H. 21, 21; M S. I, 7 (2, 372 b); Bo. 227 a.
1. dienst A. — 6. daz er A C, dêr L H. — 8. trúwen C, truwen A:
riuwen L H. (änderung Haupt's).

48. = A C 8; L H. 21, 29; M S. I, 8 (2, 372 b); Bo. 227 a.
3. er ist C. — 4. zuht diu A C, zühte L H. — 5, machet C, machent L H.

49. = A C 9; L H. 22, 1; M S. I, 9 (2, 372 b); Bo. 227 a.
1. Wan C, L H. Bo. — 2. behladen C. daz ich A C. Vgl. Walther (M S. VII, 6) u. Rûmezland (ebd. bd. III, s. 57). — 4. ime A. — 6. der gwinnet L H., der gewinnet A C. — 7. ich ez vromen A. — 8. ich ez alle A, ichz alle L H., ich sies alle C.

50. = C 47; L H. 22, 25; M S. I, 13 (2; 373 a); Bo. 230 a.
1. Wan C, L H, Bo. — 2. ein frömder C u. M S. danne C, dâ L H. — 3. sis leides C. — 6. es ist C. und (meine ergänzung).

51. = C 48; L H. 22, 33; M S. I, 14 (2, 373 a); Bo. 230 a.

52. = C 52; L H. 23, 29; M S. I, 23 (2, 374 a); Bo. 231 a.
1. haln C. truoc, frühte truoc. — 2. vernet C. korns genuog C. — 3. ellú die werlt C. — 5. gar fehlt C. — 7. swanne es gedienet C, gediente L H. — 8. aber dan ze C. Die folgenden strophen halten Lachmann-Haupt für unecht; es sind, heisst es minnesangs frühling, s. 242: „strophen, die nach Lachmanns und meiner ansicht nicht zu den übrigen unter Spervogels namen überlieferten gehören und die ich hier (d. h. im anhange) geben will, soweit sie nicht ganz fremdartig sind: denn in A haben sich (34 - 38) strophen, die zu einem liede Neidharts gehören, hieher verirrt und (39. 40.) zwei strophen eines liebesliedes, das in B C das erste unter den liedern Leutolds von Seven ist." Vgl. dagegen Bartsch in der Germania III, 481 ff: „in den anmerkungen (des L H., s. 242—245) stehen noch eine reihe strophen, die für unecht erklärt werden. Jenem Spervogel, der 25, 13—31, 6 dichtete, können sie freilich nicht gehören. Warum aber nicht dem andern dichter, möge er nun auch Spervogel geheissen haben oder nicht? sprachlich steht nichts entgegen und auch der inhalt der meisten strophen ist dafür kein hinderniss. Und selbst wenn dies nicht wäre: warum muss denn gerade jeder dichter in einer ganz bestimmten manier gedichtet haben? warum kann ihm nicht etwas gehören, was einmal aus dieser manier heraustritt? ich muss gestehen, auf die gefahr hin, für kurzsichtig gehalten zu werden, dass mir die gründe dieser schweigend verwerfenden kritik nicht immer klar sind."

53. = C 27; A, d. j. Sperv. 27; L H. 242, 1; M S. Ш, 1 (2, 375) b; Bo. 228 b.

3. trabc A. — 5. sinem D, sîme L H. — 6. nu wirfer er A. — 9.
denne A. — 10. dâ fehlt C. glîen, glei (glê), glirn(?) =
schreien. Gr. 1, 350. 352. 936; Tundalus 51, 47; M S. II, 60 b;
Mai 31,5; Wigam. 16 a; Ben.-Mllr. I, 548a. — 12. danne A C,
dan L H.

54. = C 28; A, d. j. Sperv. 28; L H. 242, 13; M S. III, 2 (2, 375 b);
Bo. 228 b.

7. spottenez C, spottens L H., spotten ez A. dur minen haz A C.
Iwein 6139: jane redent siz durch deheinen haz. — 9.
ligt A C, lit L H. — 10. terren C. „slât (pl. slaete), nhd. schlot,
rauchfang, über welchem die eisengitter (alt humpeln)
zur malzdarre liegen.“ — 12. wuriz A, wurze C, wurz L H.

55. = C 29 (¹); A, d. j. Sperv. 29; B (= Weingartner Hss.) Rei-
mar 26; C Dietmar v. Aist 22 (²); h (= anhang der Heidel-
berger hss. des Freidank 349) 17; L H. 243, 25; M S. III, 3
(2, 375 b); Bo. 228 b.

1. des vromen h. — 3. sú baidú B. — 4. Vrîdanc 983: gewalt
den witzen angesiget; Otacher reimchr. cap. 313: ge-
walt wizzen angesigt, daz sprichwort wart bewaeret da.
Vgl. W. Grimm, Vrîd. p. XCII. — 6. verdulten manigen (verdulden
manegen C ²) zorn B ², vil schone tragen den zorn h; daz er ez
wol verenden mac L H., daz er sie geenden mac h, daz er sin hail
volbringen mag B C². — 9. phligt A, pfligt C ¹, wonet h. — 10.
er muoge A, er mug C ¹, ern müge L H., er enmueze h. wol A C ¹,
dicke h. — 11. gebitte A, gebit C ¹, gibit C ², gebet B, bite h. noch
ie gebrast B C ², der gebrast nie noch. Uiber ‚nie‘ und andere
negationen bei selten s. Wackernagel in den fundgruben
I, 271. Biterolf 100: daz man nie (dhainen) alsô rîchen
sô senftes willen selten vant; Nithart (Ben.) 37, 2: in ir
dienste, des sî nie selten mich geniezen lie; Tanhûsers
hofzucht 161: ez ist selten nimmer guot; Ulr. v. Lichten-
stein 655, 31: sô taet ir keiniu selten wol. — 12. mit zühten
harte selten h.

56. = C 30; A, d. j. Sperv. 30; L H. 243, 37; M S. III, 4 (2, 375 b.
376 a); Bo. 228 b. 229 a.
3. bereiten C. — 4. der dimit sin lieht in erbeit. — 6. niht A C.
— 7. bei L H. gegen A C nach 8. — 8. uz der vinster A C, ûz
vinster L H. — 9. vinde ich iender A, vinder C. — 10. loch C,
ioch A. — 11. gewinnē ich muoz ich A. ern sî L H.

57. = C 54; h 21; L H. 244, 49; M S. VIII (VII), (2, 377 b); Bo. 231 a.
1. fg. Der aufgesang lautet in h:
Diu sunne zieret wol den tac; verdorben waere ir nam wan durch

irn liehten schîn. eist heil, swers besten pflegen mac. ich taete
gerne alsam, und gerte saelde mîn. — 5. selchú C. — 7. man hat
den man als man in siht h. — 8. doch sint da guoter h. — 9. in
niht C, die lúte h. — 10. niuwan bi schoner wete h. — 11. ein huot
C. Vgl. W. Grimm zu Vrîdanc 49, 17 ff. — 12. lihte C, dan
noch h. Aehnlich das sprichwort: der fuchs lässt wol
von haaren, doch nicht von art.

58. = C 31; A, d. j. Sperv. 31; L H. 244, 61; M S. IV, (2, 376[a]); Bo.
229[a].

L H. schliesst in den stollen die zeile mit dem binnen-
reim, gibt 1. als 1. 2, 2 als 3. 4. 5. Vgl. zu unserer vers-
theilung K. Bartsch (a. a. o.): „Für die zweite zeile be-
weist den inreim die elision in 69, 70. (nach L H.) menege
schande uns etc., sowie die übereinstimmung mit der
schlusszeile der strophe, die keinen inreim hat." 1. rac
A. — 2. umbe twungen A. — 3. vindem A. — 4. mange C. wuns
ist vur frúnde A. — 6. wirt C. — 7. dane A C, dan L H. — 8. die
heide A. geiz A. noh ros noh schaf C, noch dú schaf A. — 9. dane
A C, dan L H. — 10. kilche A. Ganz ähnlich klagt Walther
23, 35: die jungen habent die alten sô verdrungen. auch
sonst z. b. 21, 10. 24, 3. Spätere noch mehr.

59. = C¹ 33; A, d. j. Sperv. 33; C² Dietmar v. Aist 21; L H. 244,
77; Bo. 229[a].

3. sime C². — 4. swas er iemer kan ze guote C². — 5. der ander
wil noch enkan C². — 6. ungevuoge A. der ist ein ungefüeger man
C². — 7. und jenen versiht A, und ienen ubersiht C¹, und ienen
niht C². Notkers Boethius 43: firsih sia, sperne illam. —
8. wess A, wisse C². — 9. unz ichs C¹. und wil dar nach iemer
fragen unz ichs gelerne C². — 10. welh unmasse C².

Anhang.

Bearbeitungen Spervoglischer sprüche (Lassberg's liedersaal, bd. II.)

Aelterer Spervogel, str. 12.

Liedersaal 2, 605:

> Swer ist gar untugenthaft,
> an dem ist diu meisterschaft
> vil ofte gerne (garwe?) verlorn:
> ez stichet gerne der hagedorn.
>
> Mit einem wolfe ein grâwer man
> schâchzabel spils began.
> dô sach er dicke über bret;
> nâch sîner art er tet.
> dô strâfte in der grîse
> und sprach: ‚ir sint unwîse
> und missezimt iu sêre.
> volgent mîner lêre.
> ir sulnt gebâren rehte,
> gelîch eim werden knehte,
> unde wesen wol gezogen.
> daran sint ir unbetrogen.
> wartent ûf iuwer spil
> genôte biz ûf daz zil.‘
> lachen des der wolf began.
> Dô sprach der wîse man:
> ‚swaz man iu vor spriht
> daz hilfet allez niht.
> ungenge ist iuwer kamp.‘
> Nu kam gegangen ein lamp:

I.

Wer da ist gar untugendhaft,
an dem ist alle meisterschaft
und jede lehre ganz verlor'n:
es sticht so gern der hagedorn.

5. Mit einem wolfe einst begann
schachzabelspiel ein alter mann
Da sah der immer über's brett
nach art und stamm er immer thät.
Es strafte ihn der greise
10. und sprach: „ihr seid unweise
und missehabt euch sehre.
So folgt doch meiner lehre.
Ihr sollt gebahren rechte
gleich einem werthen knechte,
15. sollt immer bleiben wohlgezog'n.
An diesem seid ihr unbetrog'n.
Gebt achtung doch auf euer spiel
mit eifer bis an's bald'ge ziel."
Zu lachen nur der wolf begann.
20. Da sprach zu ihm der weise mann:
„Fürwahr, was man euch auch vorspricht,
es hilft nun einmal alles nicht.
Nach schlechtem nur steht euch der kamm."
Der weile kam herzu ein lamm:

do begunde er âne lougen
über bret gar tougen,
sîn ouge zem lambe wenden.
des gab er umb einen venden
dâ ze mâle beidiu roch:
er erkripfte daz lamp unde vlôch.
    Ditz bispel ist harte guot,
wil ez merken iuwer muot.
swie vil man unstaetiu wîp
wîset daz si ir lîp
in wîplîchen zühten haben,
sô luogent si doch zuo den knaben
und gerâtentz sô verwenden,
daz si kûme einen venden
gewinnent, dâ si riter und roch
möhten gewinnen doch,
ob si durch rehte lêre
behielten zuht und êre.

Aelterer Spervogel, str. 14. 15.

Liedersaal 2, 609.

Wir hoeren ofte gesagen
ein man müge ze vil vertragen,
daz man dester wirs in hât,
alsam ez geschriben stât
dâ diu stigel nider ist
dâ gât man hin âne frist.
    Ez waren zwêne hunde
die vil manege stunde
von ir kintlîchen jâren
ein ander heimlîch wâren.
der eine was antlaeze
und vil harte raeze
der ander senfte unde grôz
unde aller frevel blôz.
nu wurden si entwegen.
si funden an einer stegen
ein grozez rindes beine.
daz solten si gemeine
teilen under in beiden.
sie gerieten sich scheiden,

25. da thät er unter'm spielen
wol über's brett hinschielen,
sein aug' zum lamme wenden
und gab um einen fenden
mit einem male seinen thurm,
30. erhascht das lamm und floh im sturm.
Die mähr' gibt lehren als gewinn,
woll't merken ihr's in eurem sinn.
Wie oft man auch ein wankel weib
belehret, dass sie ihren leib
35. in züchten halt' nach weibesart,
so schaut sie doch nach jedem bart,
wobei sich's dann muss wenden,
dass sie kaum einen venden
gewinnt, wo sie gewinnen doch
40. könnt' einen ritter oder roch',
wollt' sie nach guter lehre
behalten zucht und ehre.

II.

Wir hören oftmals vor uns sag'n,
dass, wer da alles mag ertrag'n,
nur schlechter wird gehalten sein
nach einem sprüchlein, gut und fein:
5. „Wo die verzäunung niedrig ist,
geht aus und ein man jede frist.“
Es waren einst zwei hunde,
die da gar manche stunde
schon seit den ersten jahren
10. einander freundlich waren.
Der eine war so witzig,
verschlagen auch und hitzig;
der and're sanft und, ob auch gross,
so doch von allem frevel bloss.
15. Mit einem war die freundschaft weg.
Sie fanden einst auf einem steg
ein grosses ochsenbeine.
Das wollten sie gemeine
vertheil'n als gute beute,
20. da kam es schnell zum streite,

als man noch dicke tuot,
daz man sich scheidet umbe guot.
wan guot der arte pfliget
daz ez friunde entwiget.
ir ietweder wolte daz bein.
dô stuont der boese unde grein:
der raeze snalte hin für
unde truog ez ûz der tür,
dâ erz manlîch genuoc.
des andern grînen vertruoc
in dô harte kleine:
er was von dem beine
mit laster gescheiden dô.
   Ditz bîspel verstênt alsô:
ein frum man durch daz sîne
sol ê dulden pîne,
ê er verliese sîn rcht.
daz merke ritter unde kneht.
dar umbe vertrage nieman ze vil,
ald er gewirt der kinde spil
und kumt ze spotte unde schaden,
dâ mite wirt er überladen.

Jüngerer Spervogel, str. 33.

Liedersaal 2,613.

   Swer den wolf ze hûse ladet
der merke, daz ez ime schadet.
swer sîne frowen überkleit
und er ungerne kleider treit,
der sol haben kleinen zorn
wirt ein stiefkint im geborn.
   Ez hete eines mannes lîp
ein gar überspehtic wîp.
die kleite er âne mâze wol,
sô man wîp von rehte sol
diu vil êren hânt erkant,
und truog er vil smaehe gewant.
nû gie ein lantstrâze glat
von dem dorfe unde ein phat
zeinem market, lac dâ bî,
und swenne dar gân wolte si,

sowie man heutzutag' noch thut,
dass man sich scheidet wegen gut.
Denn reichthum, wenn er recht gedeiht,
die besten freunde schnell entzweit.
25. Ein jeder wollt' es ungetheilt.
Da stand der schlechtere und heult':
der hitzige schnellt' sich hinfür
und trug es rasch hinaus zur thür',
wo er es ganz allein verzehrt'.
30. Des andern heulen ihn da stört
in ganz geringem masse.
Der musst' von diesem frasse,
mit schande abgetrumpft, fortgeh'n.
Dies märlein müsst ihr so versteh'n:
35. ein mann soll für das seine
eh' dulden leid und peine,
eh' er verlier' sein gutes recht.
Das merke ritter, merke knecht.
Desshalb vertrag' niemand zu viel,
40. will er nicht sein der kinder spiel
und haben spott und wenig heil.
Das würde wahrlich ihm zu theil.

III,

Wer einen wolf in's haus nimmt hin,
merk', dass es schaden bringt für ihn.
Wer's weib mit kleidern überfüllt,
sich selbst nicht gern in putz einhüllt,
5. der habe dann nur kleinen zorn,
wenn sie ein stiefkind ihm gebor'n.
Es hatte eines mannes leib
ein gar zu hoffärtiges weib,
die kleidet' er ohn' massen wol,
10. wie nur ein mann die frauen soll,
der alle ehren sind bekannt;
er aber trug ein schlecht gewand.
Nun gieng da eine strasse glatt,
von diesem dorf und auch ein pfad
15. zu einem markte, nah dabei,
und wollt' sie geh'n, wann es auch sei,

sô rette si dem manne zuo:
,meister, nach mînem rate tuo,
daz ich dich niht vermâze.
ich gân die nidere strâze:
sô solt du gân den phat
oben hin zuo der stat.'
ditz tet der man vil dicke
ir tücke valscher zicke
hiemit er ze leste bevant.
des koufte er guotez gewant
iesâ sîn selbes lîbe
und nam ab sînem wîbe
swaz sî guoter kleider hâte.
nû solten aber si gedrâte
hin zuo dem markte kêren.
dô sprach er nâch unêren
ze dem wîbe: ,gâ du den phat
den îch ê sô dicke trat,
dô du versmâhtest mîn.
nû muost du ouch versmaehet sîn
von mir und wil mit êren
ouch zuo den liuten kêren
ûf die rehten strâze.'
mit sus gelicher mâze
galt er ir gedrâte
dazs im gelihen hâte.
    Sus hât noch manic wîp
für einen tôrn ir mannes lîp,
dem ez vil saelden braehte,
ob er daran gedaehte.
si künnen manic giegen
und sich wol versmiegen
zuo den sachen, die in sint
sunderliep ân underbint.
dâ von hüete sich (ein) ieglich man,
daz er sînem wîbe iht lege an
mê wât dan er geleisten mac:
sô gelebt er den tac,
daz ez ime liep wirt,
ob er sîn verbirt.

so sprach sie ihrem manne zu:
„nach meinem rath, o lieber, thu',
dass ich dich nicht vermasse.
20. Ich geh' die nied're strasse,
du aber nimm den andern pfad,
der oben hinführt zu der stadt."
Oft war er schon gezogen,
bis, dass er sei betrogen,
25. zu guter letzt heraus er fand.
Da kaufte er ein schön gewand
gar bald zu seinem leibe.
Und nahm dann seinem weibe,
was sie an guten kleidern trug,
30. Nun sollten aber schnell genug
sie zu dem markte kehren.
Da sprach er nach unehren
zum weibe: „heut gehst du den pfad,
den früher ich so oft betrat,
35. als du noch hast verschmähet mein.
Nun sollst auch du geschmähet sein
von mir; ich will mit ehren
auch zu der welt mich kehren
und auf die rechte strasse."
40. In also gleichem masse
vergalt er ihr gar schnelle
all' seine dummen fälle.
So hält auch jetzt noch manches weib
zum narren ihres mannes leib,
45. der wahrlich mehr gewänne,
wenn er sich gut besänne.
Sie können schmeicheln, giegen,
wol auch sich zärtlich schmiegen,
begehr'n sie dinge da geschwind,
50. die ihnen lieb und theuer sind.
Davor behüt' sich jeder mann,
dass seinem weib er lege an
mehr kleider, als er geben kann.
Er lebt sein ganzes leben dann,
55. dass es ihm lieb und gütlich geht,
wenn seinen vortheil er versteht.